翻轉學

翻轉學

翻轉學

翻轉學

THE 4 DAY WEEK

How the flexible work revolution can increase productivity, profitability and well-being, and create a sustainable future

週休三日工時革命

掀起「四天工作制」全球風潮的企業主現身說法，如何實現工時縮短，但生產力、獲利、幸福感不減反增？

MON	TUE	WED	THU	FRI	SAT	SUN
29	30	01	02	~~03~~	~~04~~	~~05~~
06	07	08	09	~~10~~	~~11~~	~~12~~
13	14	15	16	~~17~~	~~18~~	~~19~~
20	21	22	23	~~24~~	~~25~~	~~26~~
27	28	29	30	~~31~~	~~01~~	~~02~~

安德魯・巴恩斯 Andrew Barnes ｜ 史黛芙妮・瓊斯 Stephanie Jones 著　姚怡平 譯

本書獻給我那對美好的兒女——珍娜薇和塞巴斯汀，
願他們永遠不用像父親那樣長時間工作。
亦獻給總為此煩憂的母親芭芭拉。

目錄

14 8:25
MON
TUE
WED
THU
FRI
SAT
SUN

目錄

14
8:25
MON
TUE
WED
THU
FRI
SAT
SUN

目錄

好評推薦

「週休三日靠的是效率，而效率背後的目的是為了更好的人生選擇。本書極具新穎的觀察與執行成果，值得讓我們為未來做好準備。」

——江守智，知名精實管理顧問

「安德魯·巴恩斯說雇主無力測量員工真正的產值，只好用機械式的工時估算價值，真是一針見血！若要避免人被工時消耗到只剩下沮喪，從一週四天工作中重建幸福感，無疑是最佳解方。」

——洪敬舒，台灣勞工陣線研究部主任

「若每日增加四十分鐘專注上班的時間，能換得每週放假一天的餽贈，條件是完成和主管議定的高生產力，那你會不會拚命工作呢？這是本書討論的主題，也是未來決定工作與生活是否更加幸福的議題，快來看這本劍橋大學畢業、上市企業創業家，在自己公司實際推行每週工作四天寫的書吧！」

——張永錫，時間管理講師

「《週休三日工時革命》才要出版。阿拉伯聯合大公國就宣布週休二日半。真是先知的構想。」

——賴俊銘，「苦命的人力資源主管」部落格版主

「國家與組織若要增強競爭優勢，應率先掌握週休三日的訣竅。實踐週休三日後，不僅能大幅提升勞工幸福感，還能縮減勞力與營業成本。」

——班・雷克（Ben Laker）與湯瑪斯・盧列（Thomas Roulet），二〇一九年八月《哈佛商業評論》（*Harvard Business Review*）

前言
掀起「四天工作制」的全球改革風潮

約五十五年前，美國聯邦航空總署推出第一項航空保安計畫，隨機安排受過高度訓練、穿便服的空警登上飛機，而如今空警毫無察覺，有位危險男子在紐西蘭奧克蘭登機，準備前往卡達首都杜哈。這時聖誕節將近，紐澳地區氣候溫暖，他的最終目的地是正臨冬季的倫敦，預計下午四點抵達。他隨身攜帶一本英國護照、一台筆記型電腦和一個文件夾。

雖然他沒帶任何刀槍武器，只帶前述的隨身物品輕鬆通過安檢，但接下來十七小時的航程中，他會是最危險的乘客。QR九二一班機降落於杜哈後的一年，他在飛機上的作為引起數十國媒體報導無數篇新聞，也在社群上瘋傳。飛機落地時，沒人知道即將掀起一樁令人震撼的事件。然而，男子卻若無其事，繼續行程。

那個人就是我。我發誓自己不是刻意為之，我也沒理由要做那件事。在那之前，我的日子過得還不錯，有幸接受良好的教育，先是就讀劍橋大學，接著在全球大型金融機構的第一線工作。我的兩個孩子十分優秀，另一半也非常支持我。我在紐西蘭成立的信託公司蒸蒸日上，那裡環境優美、文化多元、機會十足，在此成家立業，有如贏得人生樂透。我可以安排各種休閒活動，例如蒐藏藝品、整修遊艇、在紐西蘭北島豪拉基灣島上種植葡萄、釀製葡萄酒。

我一生無虞，接著我卻親手推翻一切。

登機時，我帶著一件看似無害的物品，但就此改變自己和許多人的生活，那就是《經濟學人》（*Economist*）雜誌，裡頭有篇文章報導了兩項研究，是關於加拿大和英國週休二日的工時制。研究發現，**一天上班八小時，員工有生產力的時間只有一・五至二・五小時**。

我身為管理約兩百四十人的業主，對此大吃一驚。思考一番後，我明白了一點，雖然資方針對不同職位與部門制定工作量，但有些員工可能一天只有幾小時的生產力。根據我的推算，**如果每位員工的生產力平均每天約二・五小時，雇主只要想辦法讓員工的生產力每天多四十分鐘，那麼週休三日與週休二日的生產力就沒有不同**。如果我成功了，生產力就會保持穩定，獲利也會持穩。但有一點我無從預測，那就是每週多放一天假不知道對員工的幸福感與工作態度會帶來什麼影響。

這就是「一〇〇—八〇—一〇〇」準則的開端。員工達到一〇〇%的生產力，但只用了八〇%的時間在工作，就能領取一〇〇%的薪資。於是我寄了一封電子郵件給人資協理，說明這個突發奇想，最初她以為我在說笑，還把信刪掉。幾週後，我回到紐西蘭，向她保證我是認真的，接著我們開始搜尋有哪些業主已經認同週休三日的好處。太陽底下絕對沒有新鮮事吧？

結果發現，我提出的週休三日是全新概念，從未有人精確驗證過。雖然很多公司都嘗試過全職工作模式，例如把四十小時的工時壓縮在四天，或減少工時並降薪。然而，「一〇〇—八〇—一〇〇」的準則強調的是生產力，不只是為了讓工作和生活達到平衡，而是一場宏大的實驗，連我的團隊也多半視為不可行又不合理。

我進一步探討週休三日的概念，卻面臨一道難題，那就是實踐週休三日後如果出了差錯，怎樣才不會對企業造成重大傷害？畢竟投資人和獨立董事多少會有疑慮。因此我們決定實驗週休三日制度，並另外聘請研究人員來驗證這種工作模式是否有效與可行。

由於實驗要有充裕的時間，才能蒐集足夠的數據進行研究分析。起初決定試辦六週，後來延長到八週，因此我們獲得比較完整的數據。

本公司以非強迫的方式進行八週實驗，由兩位大學研究人員密切追蹤，最後取得大量數據。因此我可以很肯定：**週休二日是十九世紀的觀念，不適合二十一世紀**。

這就是我撰寫本書的原因。我開始把週休三日的概念套用在現今的職場。過去幾十年，科技大幅進展，網路與社群媒體的興起打造出超連結世界，全新商業模式削弱舊有公司與產業的中間地位，但整體生產力卻沒有跟著提升。此外，雖然消費者是這類全新模式的既得利益者，但員工的工作環境也沒有跟著改善。在已開發國家與開發中國家，勞工的工作壓力日益劇增，幾乎到了流行病的程度。[1]

雖然我無法證明第四次工業革命的工作環境，有比第一次工業革命處處煙灰的空氣糟糕，但隨著全球人口成長、中產階級增加、各項資源短缺的壓力，人類的工作方式急需大翻轉，這樣人力與貿易才能發揮最大效益，人類和地球的緊繃狀態才能開始緩和。

若你了解週休三日的概念，本書會提出實踐週休三日的方針，詳述生產力導向與減少工時有哪些好處，還會探討推行時會碰到的阻礙與解決方法。

飛機上的那個男人難以相信過去一年發生的事，不過週休三日並未被視為不可行，也沒有受到排斥，反而促成我人生中極為精采的一年，全球也開始就工作的未來願景展開對話，瑞士達沃斯（Davos）舉辦的世界經濟論壇還針對此主題安排議程。我成了多國媒體的焦點，接受美國、英國、日本、烏克蘭、法國電視網的專訪，還受邀加拿大、南非的廣播電台。傳統與網路媒體爭相報導這個話題，觀眾也熱烈回應。紐西蘭永恆守護者公司（Perpetual Guardian）實施週休三日的新聞一度成為《紐約時報》（*New York Times*）的熱門報導，閱覽人數僅次於川普與普丁高峰會。

一篇新聞報導闡述的工時概念，掀起七十五國的討論話題，隨著數十家公司進行實驗並提出實證，愈發引人注目。與此同時，已有多國政府與立法機構開始認真討論週休三日的法案，也有多個組織採用，例如英國的工會聯盟（Trades Union Congress）、綠黨（Green Party）、工黨（Labour Party）等。在我撰寫本書之際，俄羅斯議會開始擬定草案，打算在全國逐步實行週休三日。

我一想到週休三日的制度也許能讓世界變得更好、更健全，就不由得振奮起來，我可以篤定地說，週休三日早就從南太平洋小國的小小實驗擴散至其他地區。

在此期盼企業主、立法機關、工會、氣候運動者與同工同酬倡導者共同體認到週休三日工時革命的價值，並努力把這套工時制度帶到二十一世紀。本書是實證與實踐週休三日的簡易指南。

願能有所益助。

第1章

科技讓效率提升，為什麼工時不減反增？

網路讓勞工一直處於上班狀態

聽著美國搖滾歌手布魯斯．史普林斯汀（Bruce Springsteen）的歌詞，彷彿回到了靠勞力工作、行程由工廠汽笛聲支配的時代。第一次工業革命以來，某些方面沒有太大變化。十九世紀的勞工長時間賣力工作，往往做到身體倒下、英年早逝為止。當時的勞工主要從事一份工作，通常只替一家公司工作，運氣好或能力佳的勞工會在工廠或辦公室逐步晉升，直到退休或做到死，唯一的長假是兵役期。

勞工團結以後，每週工時才就此縮短。一八七〇年代，全職的工時通常每週六十至七十小時或一年三千小時以上。二戰後的數十年間，勞工運動意識抬頭，人民變得富裕，科技愈加進步，大部分已開發國家每週工時平均約四十小時。[1]

在工時不斷減少的趨勢下，德國金屬產業工會（IG Metall）為九十萬名勞工爭取到每週工作二十八小時的權利，[2]法國每週工作三十五小時的制度更是眾所周知，儘管如此，美國和英國的趨勢卻相反，千禧年過後工時逐漸增加。＊經濟合作暨發展組織（Organisation for

Economic Cooperation and Development, OECD）二〇一八年發表的統計數據顯示，已開發國家中，美國的全年工時名列前茅，高達一千七百八十六小時，超過英國將近兩百五十小時，而德國的全年工時最少，僅一千三百六十三小時（見圖 1-1）。[3,4,5,6]**

社會及經濟上的工作概念，在許多族群中變得不固定，尤其是中輟生與逾五十歲的成人。二〇一七年，澳洲青年基金會（Foundation for Young Australians, FYA）發表的報告《新世界秩序》（*The New World Order*）顯示，未滿二十五歲的澳洲人每三人就有一人失業或低度就業；七〇%年輕人將來進入勞動市場從事的工作，不久後就會邁向自動化或完全消失；而澳洲過去二十五年來創造的工作有三分之一是臨時、兼職或自營作業。雖然這類工作有一部分屬於正在發展、前景看好的產業，但很多都不穩定，例如線上零售商的客服或配送職務將在不久後，會由人工智慧、自動化、機器人技術取代。

該份報告做出的一大結論是：澳洲勞工很可能失去最低工資、保險、休假等權利，這

---

* 台灣雖在二〇一六年調降每週工時，但仍高達四十小時。

** 二〇二〇年台灣勞動部公布的受雇員工工時，更高達全年二千零二十一小時。

些是由勞工組織數十年來爭取到的基本保障。[7]此外，不是只有澳洲勞工面臨這種情況。

然而，就業的不確定性並非年輕人獨有。舊金山聯邦儲備銀行（Federal Reserve Bank of San Francisco）以年齡歧視為基礎進行大規模研究，發表一份報告：就算是低技能的工作，年紀較大的勞工也會被排擠。研究人員認為，年齡歧視的現象在美國很普遍，為了驗證此一假設，針對一萬三千個職缺投遞四萬份虛構履歷，得出以下結論：「雇主聯絡應徵者的比率十分明顯，年輕應徵者最多，中年應徵者其次，老年應徵者最少……而女性面臨的年齡歧視比男性更嚴重」，可能是因為「在外表上，人們對女性的評價標準比對男

圖 1-1　2018 年，全年工時最長及最短的已開發國家

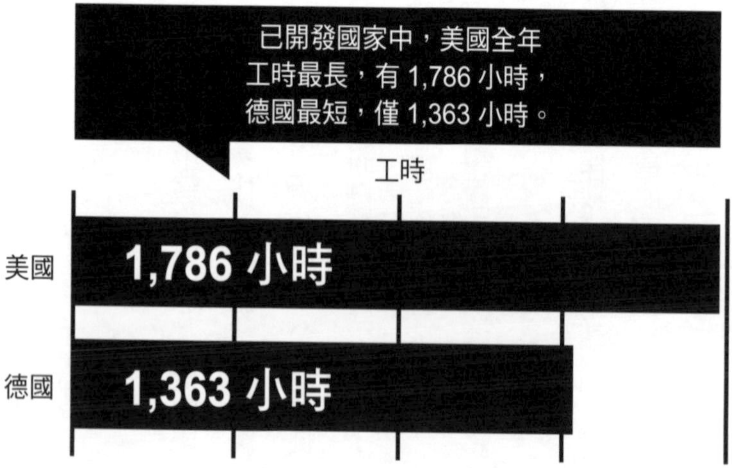

性更嚴苛」。[8]

這凸顯我們面臨重大難題，如今人類的預期壽命變長，但退休金卻不如人意，所以過了退休年紀後，還是不得不繼續工作。

就算工作穩定的人，今日的職業生涯也與數十年前截然不同。網路與智慧型手機問世後，重新塑造並重新界定勞工與工作的關係。二〇一五年，奧多比系統公司（Adobe Systems）進行美國白領勞工調查，發現受訪者一天花六．三小時查看電子郵件，超過九成的人上班時間查看私人電子郵件，而下班時間查看公司電子郵件的人也幾乎一樣多。三成的人早上還沒下床就先查看電子郵件，半數的人在休假期間查看郵件。[9]

對許多勞工而言，網路使勞工一直處於工作狀態，無論晚上、週末、休假期間都在工作，使工時明顯過長。英國通訊管理局（Ofcom）指出，二〇一八年消費者的上網時間一週平均是二十四小時，是十年前的兩倍，二五%的成人上網時間一週多達四十小時。在英國通訊管理局的報告中，一五%的受訪者表示，智慧型手機讓自己覺得一直都在工作，五四%的人承認使用智慧型手機會干擾親友面對面的談話，四三%的人表示自己花太多時間上網。[10]

工作入侵私人時間，不僅干擾平日家庭活動，勞工休息時能享有的思考、放鬆、充電也會減少，健康更可能有嚴重後果。英國職業心理學家克莉絲汀．葛蘭特（Christine Grant）向英國廣播公司（BBC）表示：「這種『時時處於開機狀態』的文化會帶來負面影響，腦子永遠無法休息，沒給身體復原的時間，所以會一直覺得有壓力。越是感到疲累、壓力大，犯下的錯誤就越多，身心健康受到殘害。」[11]怪不得壓力與心理健康問題堪稱為現代流行病，往往跟工作有關。

今日，職涯品質、工時長短、勞動強度取決於勞基法或勞工組織。如果勞基法喪失約束力、受到漠視，勞工組織就會失去影響力，勞工就只能靠自己。從歷史來看，工會曾是工時的主要決定因素，還立下多座里程碑，一天八小時、週休二日即是其中一例。相較於英、美兩國現在的工會運動顯然失去了影響力。

第三章會探討當公司不受勞基法規範，而是採用零工經濟*或敏捷式（Agile）工作制度時，如何嶄露頭角。在零工經濟問世後，公司得以利用契約，給付低於基本工資的薪資給勞工，還剝奪勞工的福利，同時強迫勞工花更長的時間工作來賺取生活費。

此外，零工經濟的生產力價值通常不會反映在當地的國內生產毛額（GDP），因為跨國公司的業主把利潤轉移到海外。為了搶攻市占率，優步（Uber）的載客、外送或共享工作空間等服務通常是虧本提供，並用資本投資給予補貼，以大量資金爭奪有限的機會。

很多跨國業主都會利用稅收的漏洞，將利潤輸出，在這種模式下，傳統的服務供應商往往會被逼得破產倒閉，本土企業對中央與地方政府的稅收貢獻也隨之減少。接著，地方稅金支付不了國家必要基礎建設時所需的費用，進而無法充分支持企業，也就無法維持經濟繁榮。

零工經濟仍處於萌芽階段，「可按照自己想要的時間工作」讓人趨之若鶩，初期帶來的影響是工時延長，跟第一次工業時期相同，讓人想起在工廠門口等待上工的大批勞工。零工經濟也可能是職涯延長的開端，這不只是因為人類預期壽命變長，也是因為勞工需要賺取更多收入，應付日益攀升的健康照護費用。

* 零工經濟的定義：「自由工作者的經濟型態，勞工從事多份兼職工作養活自己，而這些兼職工作不提供傳統工作福利，例如健康照護。」

與此同時，敏捷式工作法逐漸成為主流，加上高薪職業的自動化與去中介化，都讓員工承受巨大的外在壓力。在這些領域，成功與否通常端賴員工是否願意只專注投入工作，放棄家庭生活和休閒活動。我在金融業的親身經驗就是最好的證明，下一章會舉例說明。要是沒有法規等干預手段，那麼相較於犧牲一切、投入工作的人，因休閒或家庭因素而騰出時間的人可能失去晉升機會。為了養家或照顧年長親屬而中斷職涯的人（女性多得不成比例），所要承受的後果格外嚴重。

史普林斯汀出身紐澤西工人家庭，但他付出的努力使他有別於藍領工人，他的父親就是藍領，也是他寫歌時諸多靈感的來源。工作是推動人生的重要力量，要是工作出問題，例如過勞、影響身心健康，或需要工作卻找不到，人就會承受莫大苦痛，史普林斯汀對此瞭若指掌，也以音樂傳達出來。以此向外擴及整個社會，就會發現人類面臨的重大挑戰，如氣候變遷、身心疾病、家庭失能等，原因多半出於今日的工作方式。

雇主用工時評估員工的生產力

臉書（Facebook）營運長雪柔．桑德伯格（Sheryl Sandberg）提到早期在谷歌（Google）工作的情景，當時她一向從早上七點工作到晚上七點。第一個孩子出生後，她希望下班回家時孩子還醒著，於是在晚上七點前離開辦公室，她把外套掛在椅背上以遮掩提早下班的事實。根據二〇一七年《彭博社》（*Bloomberg*）對桑德伯格的評論：「這個方式持續了好幾年。二〇一二年，臉書首次公開上市約一個月前，她向某位記者承認自己經常下午五點半就下班。事實揭露後，多家新聞爭相報導。桑德伯格擔心會被責備或開除，但卻獲得其他女性的支持。『Yahoo! 奇摩』公司法律團隊的女性送她鮮花和卡片，上面寫著她們也是下午五點半離開辦公室。」[12]

數以百萬計的勞工都是這樣同時處理多件事務，就算是像桑德伯格那樣成功、專業的人士，也必須在照顧小孩或年邁雙親，以及照顧自己身心健康之間取得平衡。現今家庭結構多元、生育率節節衰退，幾乎沒有一個OECD會員國的出生率超過人口替代率＊。隨著家戶規模的縮減，女性勞動力的比例創高；男女普遍晚婚；頂客族比例增加，以歐洲OECD會員國為例，二十至四十九歲的女性，少則二〇%，多則四〇%沒有生育。[13]

與此同時，OECD會員國的結婚率降低，從一九七〇年每一千人有八・一對結婚降到二〇〇九年的五對，離婚率也逐漸上升。OECD表示：「結婚率的下降是因為有更多非傳統家庭型態出現，例如週末夫妻、分居伴侶、民事結合＊＊等。同居人數增加，而且因為有更多人婚前同居，所以晚婚人口也增多……幾乎所有OECD會員國，年輕世代（二十至三十四歲）同居的可能性比上一世代高。」[14]這種現象極可能反映出以下兩種常見議題：在許多國家，人們買不起房子，以前的未婚者有能力租房或買房，現在則需要兩份收入才夠。此外，現在普遍認為婚姻不再是成家的必要條件。

根據部分OECD會員國所做的預測，二〇二五年至二〇三〇年之間，家戶結構會產生變化，獨居人口預期會成長，澳洲會增加七三%，紐西蘭會增加七一%，英國增加六〇%。[15]在有子女的家戶中，單親家庭的比例及無子女的伴侶數同樣預期會增加。[16]

OECD對於女性必須兼顧工作與家庭，從桑德伯格把外套放在椅背上的故事獲得了證實，也讓人理解為什麼雇主會認為長期來說，女性員工不如男性：

雇主很清楚，當媽媽的人必須在工作與家庭上做選擇。實際上，很多雇主認為，女性無論教育程度高低都應該在結婚和生育時離開職場（起碼是暫時退出），因此會認為女性對工作的付出不如男性，導致雇主比較不會培植女性勞工。這或多或少成為惡性循環：女性勞工發覺晉升機率低於男性，繼續就職的誘因有限，因此比較容易離開職場，這樣又強化了女性就業的刻板印象。大部分OECD會員國的職場都具備前述特徵。[17]

若用這種負面態度看待女性員工，男性員工也會受影響。男性員工看見女性同事設法在

* 指一國家或地區出生人口與死亡人口達平衡的比例。這裡的人口替代率為每位女性應有兩名子女。

** 不論同性或異性，雖未結婚但仍獲《民事法》保障的結合關係。

家庭與工作之間取得平衡，卻處於不利地位，會更認為男性不可以對家務與家庭責任做出貢獻，以免對事業造成負面影響。且男性所得通常比女性伴侶高，因此家庭也會體認到這點，選擇讓男性繼續全職工作，性別薪資的差距與家務分配的不平等因此擴大。

桑德伯格的軼事啟發人心，讓人體會到女性勞工陷入工作與家庭之間的無力感，也讓人得知勞工生產力一般以何種方式測量。職場媽媽早上七點就開始工作，十．五小時後才下班照顧小孩，怎麼還得遭受非議？

桑德伯格沒經過人資同意就自行把每週工時縮減數小時，但並沒有說她因此減少對公司的貢獻。她向媒體坦承這件事以前，確實沒人注意到，這表示就算待在辦公室的時間較短，她的生產力還是不受影響。

平心而論，桑德伯格可能是特例。在科技史上，她是成就名列前茅的女性，而科技業的性別平等並不健全。然而，桑德伯格雖向大眾坦承行為，卻也害怕雇主的反應，這點無意間揭露出現今數位時代的真實工作情況：**少有雇主懂得如何測量員工的生產力，所以只好用員工坐在辦公桌的時數來估算其價值。**

一天工時八小時，有生產力的時間不到三小時

在生產線上工作的人越來越少，在筆電前工作的人越來越多，若根據每天待在辦公桌的時數作為測量生產力的依據，會有許多問題，尤其會促進超連結現象，打擾平常的社交活動與家庭活動。

我們所談的生產力到底是什麼？英國《獨立報》（*Independent*）提出簡單的釋義：

> 生產力是指每位勞工或每個工時生產的工作量。如果烘焙師一小時可生產十條吐司，那麼他做麵包的生產力就是每小時十條吐司。就整體經濟而言，生產力指的是一段時間的 GDP（即所有商品與服務的價值）產出量除以同時期經濟體全部勞工的總工時。[18]

不過很多勞工不生產實體商品，因此雇主必須對以下項目進行計算：1. 勞工的產出由

哪些部分組成；2. 每位勞工每天的產出量（或生產力）多少才算適當。引發我提出週休三日的那篇《經濟學人》文章，引用多項研究顯示：**以一天工時八、九個小時的標準工作日而言，英國勞工有生產力的時間平均為二．五小時，加拿大勞工則是低於一．五小時。**

二〇一七年，英國某項調查以近兩千位全職上班族為對象，結果發現**每天平均花在工作上的時間是兩小時五十三分鐘**（略高於《經濟學人》引用的平均時數），**勞工還會花時間使用社群媒體、閱讀新聞網站、撥打私人電話、傳送私人訊息、跟同事閒聊、找新工作、抽菸、飲食**。[19]

只要勞工出現在公司，每週工時達三十七至四十小時，雇主顯然不會去質疑勞工實際的產出量，這就證明企業主多半不太能掌握勞工的生產力。

若問受訪者：「你認為自己一整天都很有生產力嗎？」七九％回答否定，五四％表示，上述令人分心的事物反倒讓人「更能忍受」工作日。[20]

後者的意見徹底揭露出工作壓力引發的影響，公司或業主若下班後還交辦工作，或員工通勤時間較長，員工就會以這類非工作活動彌補自己犧牲的休息時間。

多花一分鐘通勤，生活滿意度就少一分

勞工進入職場猶如被引入牢寵，唯有奇蹟降臨，例如中樂透或獲得大筆遺產等意外之財，才能逃離，而在已開發國家，身陷牢籠的員工人數日益增加，難以逃離。

紐西蘭的房價所得比是全球第三高，僅次於加拿大與愛爾蘭，[21]奧克蘭是紐西蘭第一大城，購買或租賃房產的費用最昂貴，當地勞工流動率高，因此現在其他地區正在興建住宅，並附設健身房與育兒服務，以期吸引並留住員工。[22]

工作與家庭照顧模式極端變動，已開發國家的生活成本肯定隨之增加，住宿成本也明顯暴漲。過去五年間，各大城市的房價平均增加三五%。洛杉磯商業委員會（Los Angeles Business Council）主席瑪莉．萊斯利（Mary Leslie）深入闡述房價與相關租金的成長對城市勞工產生的影響：「如果員工不得不在租金昂貴但環境不佳，以及長途通勤之間做選擇，遲早會不堪負荷……住宅並非單一問題，住宅引發的骨牌效應遠超過住宅市場的範疇。」[23]

住宿成本占了勞工大部分薪資，因此出現「超級通勤族」一詞。美國各地，每三十六位

通勤者當中就有一人（將近四百萬人）符合超級通勤族的定義，他們每天花九十分鐘以上通勤上班，而且多半是在經濟繁榮的大城市。＊

根據某項分析結果，會出現超級通勤者的其中一項關鍵因素在於「新的住宅多半位於大城市外圍，不是位於都會核心帶與近郊，所以很多勞工不得不花更長的時間通勤，以便換取較低的房價。」[24]另一份報告認為，全球金融危機的陰影導致超級通勤的現象，很多受二○○八年金融危機影響的勞工不願意搬家。[25]

我們早就知道長期通勤會有害健康。二○○一年，一項科學研究以四百多位德國通勤者為對象，約九○%的受試者每趟通勤時間超過四十五分鐘，他們出現疼痛、暈眩、倦怠、嚴重睡眠不足的人數比例是非通勤族的兩倍。該項研究的主持人表示，該族群患有很嚴重的身心症，還說「從醫學角度來看，長期通勤族有三一%的男性與三七%的女性顯然需要治療」。[26]

根據《美國科學人》（*Scientific American*）的報導，有其他研究顯示「搭乘大眾運輸工具的勞工具有較高的感染率，汽車駕駛患有關節炎的比率較高」。[27]

德國還有一項長途通勤者的社會學研究發現，近六○%受訪者沒時間跟朋友聚會，沒時間投入其他休閒活動。一九八五年到一九九八年，蘇黎世大學經濟學實證研究學院（University of Zürich's Institute for Empirical Research in Economics）的研究人員每年都會調查德國數千戶的情況，發現**「勞工每多花一分鐘通勤上班，生活滿意度就會少一分」**。[28]

根據研究人員的計算，一天通勤兩小時與平均通勤四十分鐘的德國人，兩者的滿足感差距甚大，加薪四〇%才能彌補通勤時間較長者的不快樂。[29]此外，通勤時間越長，勞工的生產力就會越低，並加深不滿。

我們必須思考通勤造成的有害影響。通勤時間越長，表示塞車的情況越嚴重，隨之產生的問題也更多。像是二〇一一年塞車的情況導致美國人多花了五十五億個小時在通勤，多花了一百一十億公升的汽油，整體價值高達一千兩百一十億美元，二氧化碳排放量多達二百五十五億公斤。[30]以上是一個國家一年的數據，除了測量通勤族所花的時間、汽油量、碳排量，還測量了塞車造成的影響。若要據此推斷整個已開發國家的情況，實際付出的成本幾乎

＊二〇一四年台灣行政院主計處發表的「國民幸福指數統計」指出，二〇一二年台灣全時工作者每日通勤時間約三十八分鐘。

算不出來。

工時剝奪休息、家庭、社交時間

從統計數據與軼事證據可得知，雇主期望勞工「時時處於開機狀態」，勞工不願逃離或無法逃離科技，工作情況因此惡化，不僅排擠其他活動，還影響身心健康。**苛刻的通勤導致工作時數延長，剝奪人們的休息時間、家庭時間、社交時間，職場本身因此成為心理疾病的常見肇因與加劇因素**。這現象並非白領上班族獨有，更影響到工廠、教室、醫院、零售店等其他領域的眾多勞工。

在英國，勞工生病損失的工作日中，五七%的肇因為工作壓力、焦慮感或憂鬱。根據職業醫學學會的報告，英國每年約四十萬名勞工表示自身疾病是工作壓力所致（見圖1-2）。[31]二〇一七年至二〇一八年，因工作引發心理疾病而損失的工作日有一千五百四十萬天，超過前一年的一千兩百五十萬天，[32] 雇主與自雇者每年損失的收入，累計介於三百三十四億至四百三十億英鎊（約新台幣一兆二千億至一兆六千億元），每年損失的稅金或國民保險收益介於一百零八億至一百四十四億英鎊（約新台幣四千億至五千三百億元）。[33]

前述統計數據並非單一情況，而是呈現出全球大部分地區的情況。《新西蘭聽眾》（*New Zealand Listener*）雜誌有一篇關於職場憂鬱與焦慮感的報導，引用倫敦政經學院（The London School of Economics and Political Science）二〇一六年對八國（包含美國、墨西哥和日本）的研究報告，指出「檢驗憂鬱對職場造成的影響，以及曠職與勉強出勤（亦稱減效出席，是指員工來上班但表現未達平常水準）的相關成本。研究人員發現這是所有國家（無論經濟發展程度高低）都會面臨的重大問題，一年的成本總計高達兩千

圖 1-2　英國勞工生病損失工作日的主要肇因

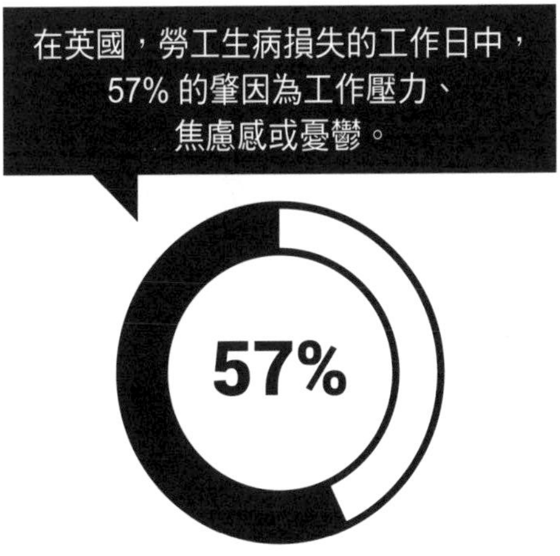
在英國，勞工生病損失的工作日中，
57% 的肇因為工作壓力、
焦慮感或憂鬱。
57%

四百六十億美元」。[34]

工作引發或加劇的心理健康問題，肇因眾所皆知。世界衛生組織認為工作相關的健康風險因素如下：缺乏健康與安全政策、溝通與管理不佳、員工獲得的支援程度低、缺乏彈性工時、作業或組織目標不明確，以及對自身工作的掌控度低。世界衛生組織表示，工作職責不符合勞工能力，或工作量很大又苛刻，即會構成風險，再加上霸凌與騷擾是經常呈報的工作壓力肇因，身心問題隨之發生。[35]

澳洲黑犬研究所（Black Dog Institute）對將近七萬名中年勞工進行大規模研究，也證實了這點，發現「工作要求程度較高、工作掌控度較低、工作緊張度較大的勞工，到了五十歲罹患心理疾病的機率較高，而且不分性別職業」。[36]

今日的職場，呈現出龐大的經濟產出，以及同樣大量的人力與環境成本。人類跟工作的連結可說是史上最強，在許多情況下，更是流於過勞，沉重的工作量造成嚴重影響。與此同時，在獎勵勉強出勤、不獎勵產出的職場體系下，個人生產力受到影響，總體經濟拉長通勤時間，幾乎整天清醒的時間都與家人分開。勞工該怎麼做呢？

科技讓效率提升，為什麼工時不減反增

- 數位時代，少有雇主懂得測量員工的生產力，所以雇主會用員工坐在辦公桌的時數來估算其價值。
- 家庭結構改變，工作與家庭照顧模式極端變動，已開發國家的生活成本隨之增加，住宿成本明顯暴漲。隨之而來的「超級通勤」趨勢即是引發工作壓力與疾病達流行程度的其中一項因素。
- 全球大部分地區的工時日益增加，損及每週工作四十小時的「規定」，工作的概念變得不固定，尤其是對於中輟生與超過五十歲的成人。
- 對於就業不穩定的勞工而言，零工經濟既是誘餌也是陷阱，而促成零工現象的科技也導致休息、放鬆、工作外的社交受打擾。很多雇主期望勞工「時時處於開機狀態」，勞工又不願或無法逃離科技，於是產生超連結現象，觸發或加劇工作帶來的內在壓力。

第2章

過勞與工作壓力，是一種職場流行病

忙碌文化養出一群表演給人看的工作狂

在數位時代，沒有指導手冊教你怎麼當勞工，父祖輩熟悉的工作常規已遭到取代。現在，女性工作的比例跟男性差不多，電子郵件問世後，許多上班族和專業人士早就沒有明確的工作日概念，這概念早已過時。曾經急診醫學、助產、消防等攸關生死的行業才會待命工作，如今大多數白領工作亦是如此，隨時隨地都能工作。

工作狂並不罕見，但之前大家認為工作的欲望是一種選擇，或充其量是特定公司文化的產物，不會覺得那是使命感的表現。

再也不是如此了。美國記者丹・萊昂斯（Dan Lyons）表示，科技文化使過勞與內在壓力成為流行病。萊昂斯在其著作《失控企業下的白老鼠》（*Lab Rats*）寫道，今日的職場氛圍充滿男性主義、不穩定性和高壓，且公司常用的性格測驗，會對員工的工作能力帶來有害影響。二〇一九年三月，萊昂斯在紐西蘭國家廣播電台的訪談中表示：

我們處於「第四次工業革命」破曉之際，公司明白過去一世紀的工作方式全都過時了，再也行不通，世界已經改變，工作不得不跟著改變。

這說法有點道理，但壞就壞在公司不知道哪種做法行得通，就投入尚在實驗的方法，基本上就是把員工當成白老鼠，試行各種做法，想讓我們變得「敏捷」、「精實」、「靈活」、「適應力強」。這類的新理論到處都有，不計其數，公司採行其中一種或多種理論，把員工弄得筋疲力盡。[1]

在某些情況下，勞工會相信公司。萊昂斯提及亞馬遜（Amazon）員工自稱為「亞馬遜機械人」，他們拚命讓自己合乎測量員工績效的「最佳化演算法」。萊昂斯說：「現在的員工工作時，會覺得自己不是在使用科技，而是被使用。科技其實是公司的中心，員工只是附屬品，進公司、接通機器，然後在一天工作結束時拔掉機器，員工的成功與否取決於這方面做得多好，多擅長扮演好螺絲釘的角色。這很不人性化。」[2]

其他人則認為，科技與績效的衝突導致工作在人生中的占比擴大。美國記者艾倫・葛里菲斯（Erin Griffith）在《紐約時報》指出，**「忙碌文化」（Hustle Culture，亦稱「奮鬥文化」）養出一群「表演給別人看的工作狂」**。特斯拉汽車（Tesla）執行長伊隆・馬斯克（Elon Musk）即是忙碌文化的倡導者，他說過：「一週工作四十小時改變不了世界。」他認為，一週工作八十小時才剛好。

根據葛里菲斯的理論，不停歇的工作是在填滿另一個空洞。

> 也許我們都想追尋價值感。越來越少人信仰宗教，尤其是美國千禧世代，在我居住的舊金山，生產力的概念反而成為精神依歸。舊金山的技術人員內化了以下概念：工作不是用來取得想要的東西，而是你的一切。因此公司只要有提高生產力的方法，能讓員工騰出時間接下更多工作，就值得推行，且立意良善。[3]

有些埋首於忙碌文化的勞工會有所成就。充滿職業道德、喜愛自己所做之事、除工作外沒什麼責任要承擔的人，也許真的覺得自己獲得回報，不過身為億萬富翁的馬斯克每週工作一百小時，假如勞工非得做到這樣才能勉強過活，或所屬公司或產業文化要求勞工做到這種程度，則大有問題。

用網路改善生產力，也怕網路干擾生產力

長久占據暢銷榜的書很多都提供提升自我的方法，既然作者已懂得把書中的觀念傳達到多個平台，就表示有許多管道都能提升自我，例如日本作家近藤麻理惠從書登上網飛（Netflix）的《怦然心動的人生整理魔法》。

有書評看了卡爾．紐波特（Cal Newport）的暢銷大作《Deep Work 深度工作力》（*Deep Work*）深受感動，說自己照著書中的準則把 iPhone 說成是「壞房客」，應該逐出生活。讀者表示讀到一百頁時，他把筆電關機，買了鬧鐘來用，不用手機上的鬧鈴，還叫弟弟改掉她的推特密碼，讓自己無法登入。[4]

這篇令人啼笑皆非的書評，充分呈現出上網的危險，以及勞工擺脫科技時遭遇的困難，而勞工的工作若是仰賴網路，就更是如此。正如書評所言：「我們多半戒不掉電子郵件，正如戒不掉電力、自來水。」[5]

用谷歌搜尋「工作訣竅」（work hacks），會出現約七萬一千筆搜尋結果，建議如何「讓辦公生活變得更輕鬆」、「瞬間讓辦公室的一天變得更有趣」。網路上到處都有訣竅可用來改善個人生產力，還可以參考書籍和播客（Podcast）節目。同樣地，ＴＥＤ職場類講者也告訴大家該怎麼更聰明、更快樂工作、學習工作的意義，以及如何更有效的使用工作上的科技。想了解請至ＴＥＤ網站，搜尋「side hustle revolution」（副業革命）。[6]

很多勞工都在設法弄懂網路使用法，讓生活過得更好，同時還要避免網路干擾生活。根據科技影響力專家暨加州州立大學榮譽教授賴瑞・羅森（Larry Rosen）的研究，社群媒體的使用量越高，精神異常的症狀也越多，而正如我們所知，職場生產力低落的時間多半是在造訪熱門網站，包含社群平台。[7]

對於部分勞工，解決方法就是斷網或使用暫時無法上網的軟體，例如 Freedom，該創辦人表示，工作習慣的改變（例如遠距工作的情況增加）表示人們需要更多維持生產力並減少令人分心的協助。[8]

提摩西・費里斯（Tim Ferriss）的《一週工作 4 小時》（*The 4-Hour Workweek*）自二〇〇七年出版後，銷量多達一百三十萬冊，書中傳達的觀念更是廣受歡迎，包括朝九晚五很專制；你不用在辦公桌後面待到退休；自由正等著你……就算美國作家梅根・戴（Meagan Day）在《雅各賓》（*Jacobin*）雜誌的評論語帶輕視，說該書「大多是心靈勵志與時間管理的老生常談」，接著還說「他的靈丹妙藥就是跟隨他的腳步，成為假專家」。[9] 至於有多少人遵循費里斯的建言、脫離辦公桌的束縛，就不清楚了。

真實人生中，幾乎沒人因為自己被工作綁住或工作無趣而感嘆，也許有些人投入自己的工作，但並不認為工作是會讓人開心的事。

然而，正如第一章所述，勞工因為工作病情加重，很多勞工正採取應對措施。據聞，勞工愈趨透過「心理健康病假」來增加自身的幸福感。以下個案堪稱典範：密西根有位網頁開發人員為了心理健康要請兩天病假，她在二〇一七年發布的推文表示，上司不僅准假，還謝謝她幫心理健康「洗刷汙名」，該則推文的分享次數超過一萬五千五百次。[10]

二〇一八年，讀者東尼．史蒂文斯（Tony Stevens）在紐西蘭Stuff網站的專欄寫道，他請心理健康病假會覺得內疚，同時承受極大內在壓力，「在世界各地，職場文化對心理健康的反應令人不安……社會上有更多人正在為此進行重要討論，職場卻沒有跟上腳步」。

史蒂文斯說，勞工通常認為，把心理健康需求告知上司會沒安全感，就算「世界衛生組織提醒，現在不採取行動的話，到了二〇三〇年，心理疾病會是職場失能與缺勤的主因」，但「很多雇主對心理安全的重視程度仍不如生理安全」。[11]

史蒂文斯寫道，是有解決方法，但雙方都必須重視，雇主應鼓勵勞工休假以利保障及恢復心理健康，勞工不應硬撐。當然，勞工面對難以應付或毫無意識的雇主，能做的並不多，但雇主也不能漠視法規。此外，史蒂文斯建議修改法律，提高勞工理應享有的最低病假天數，勞工也可表明請假是基於心理健康的正當理由。[12]勞工光憑自己無法做出實質改變，員工身分就已局限其提出要求的能力與權利。

優步司機能否享有正式員工的福利？

大家都很清楚，在歷史上，唯有勞工組織與勞工結合心力與技能，工作體系才會產生革新，亦即可明顯改善勞工生活，例如規定減少工時、完整的休假權利等。

由於長久存在的標準（例如一天工作八小時）是受到來自公司利益所引發的壓力（第三章會探討），勞工正逐步反對不斷改變的職場規定。英國有一件員工引領的劃時代案例，是關於某位水管工的雇用狀況。

蓋瑞．史密斯（Gary Smith）雖是「自雇」工作者，卻為品立可水管工公司（Pimlico Plumbers）工作了六年，他主張自己是「勞工」，依法該享有勞工應有的權利，比如年假津貼。品立可水管工公司創立於一九七九年，是倫敦規模最大、獨立經營的水管維修公司。該公司對技工不採行所得稅預扣制，亦不支付其國民保險金，公司以「自雇約聘人員」的名目雇用技工，技工需負責支付自己的稅金。[13]

對於品立可公司提出的上訴，最高法院維持勞工上訴法庭與上訴法院先前的裁決，認為

「品立可公司對史密斯採以嚴格的行政管制，公司支付他工作款項，工作服儀方面也有強制的規定，如果他離職，也被限制替競爭對手執行類似工作，因此所有情況都證明他是『勞工』，而非真正的自雇者」。[14]

如二〇一八年六月的裁決所示，表面上水管工為自雇工作者的這項判決，影響了英國所有以零工經濟型態經營的組織，在這類組織中，就算公司支配勞工的工作方式、時間和地點，但勞工還是被當成是自雇或獨立承包人。

現在的潮流顯然愈趨支持勞工的傳統權利。繼品立可公司的案例後，英國上訴法院維持勞工上訴法庭對優步的判決，認為優步不該把旗下司機列為獨立承包人，必須提供最低工資、年假津貼等基本權利。[15]

優步堅守核心承諾，對抗這類質疑時，採取標準回答，聲稱自己不是雇主，而是代理商，負責連結獨立司機與顧客，但此番主張不受法院青睞。上訴法院判決後，優步公司發言人聲明，司機若被劃定為勞工，必然失去自由與彈性，優步會向最高法院提出上訴。

雖然前述案例立下先例，有利勞工透過法院來保障或恢復傳統的勞工福利，但要在立法層次上保障所有契約，這些似乎只是開胃菜。也許立法機關當旁觀者會比較自在，與其涉入其中，冒險面對大公司的怒火，不如交給司法解決問題，那樣容易多了。

假如立法機關選擇付諸行動，讓勞工免於因興訟而給付高昂訴訟費用，那麼有兩種立法方式可以補救。法律可修改成規定契約一律要附上福利內容，或規定某些類型的契約視為勞動契約。讓「勞工」有權享有完整的就業福利（法定資遣費與不公的解雇除外），這個立法精神目前以英國最接近。

這是新的勞工運動開端嗎？在「忙碌文化」與「超連結世代」興起後，人們愈趨反對獨立承包人的趨勢，是否會延伸到公司對勞工權利的不斷侵害？根據我的經驗，再勤奮的人也有極限，而且一旦崩潰就無法回頭。

贏得成就，卻討厭自己的人生

身為勞工，我從水深火熱中得到頓悟。我在全球頂尖投資銀行澳洲麥格理集團（Macquarie Group）待了十年，晉升到執行董事的高階主管職，管理零售、個人、股權的銀行業務。在這個廝殺激烈的產業，從各方面來看，我都稱得上贏家。然而，我的婚姻瓦解，人際關係帶來的威脅加上格外競爭的冷酷環境，使主流的職場文化變成有毒文化。那份工作成了一場耐力考驗，我開始討厭自己的人生。

當然，這一切都在預料中。在一九八〇年代的倫敦市，工作代表著繁忙行程，那時我才剛踏入金融業，尚未進入麥格理集團。為了跟美國的投資銀行競爭，我們得在早上七點半東京股市收盤前上班，等到十二小時後紐約股市開市再下班。我搭乘英國鐵路通勤，為防火車誤點，所以我清晨五點就要起床，晚上十點後才到家。

這種模式直到某晚，我目睹上司哈利在辦公室崩潰才有所改變。我第一天上班就知道，要是比經理還早下班就是自斷前程，就算我家比經理家遠多了，也要遵守這項潛規則，但代價就是必須捨棄大量休息時間。當我眼見哈利被這行文化造成的過勞壓垮時，首度體會到我倆承受著相同外在壓力。他逼迫屬下努力工作，因為他需要底下的團隊績效達標，讓上級有好印象。

哈利在公開場合心理崩潰，對管理階層沒有一絲影響。當時，創傷後壓力的診斷法尚未獲得認同，幾年後才有針對職場心理健康的討論。哈利有一點值得讚許，就是危機時刻他能調適自己。雖然我還是得在天亮前起床，參加公司規定的早會，但現在一天只要工作十至十二小時，可以搭比較早的火車回家。在我的同事中，哈利率先體認到生產力不是按工作時數計算，而他的團隊就算一天工時較短，生產力也同樣高。說來感傷，在工作壓力下心理崩潰的哈利，並不是職場上的最後一人。

其他人會找一些方法宣洩壓力，這讓金融大改革時期，資本家歇斯底里的景象有如黑色喜劇。我有兩位大學友人在倫敦的日本銀行工作，最後下班的人有如戴上榮譽勳章。我那兩位朋友決定把熬夜加班當成違抗上司的武器，為了比日本主管晚下班，兩人整晚輪流出入辦公室，這樣他們都有了可以喘息的時間，還技巧性地迴避懲罰。

最後，管理階層屈服了，想出的「解決辦法」是在辦公室設立一間臥室，讓高階主管可以休息，集團也沒丟了面子。公司要求員工遵行繁忙的行程表，員工對此沒有質疑的權利，而公司給承受同樣壓力的主管解決辦法，就是讓他們能在這制度下生存下來。

這種情況雖是極端，但我漸漸習慣倫敦市的文化，所以搬到澳洲後面臨的工作情況算是意料之中，在倫敦上班的上司常在凌晨兩點打電話來，這在他看來是正常的上班時間，而且從來沒對時差問題做任何讓步。我的雙十年華就在無止境的工作中消逝了，私人生活退居二線，甚至可以說根本沒有。

很多人發現解決辦法是跟同事約會，不然永遠沒機會。在澳洲時，某天半夜參加交割文件會議，一名年輕律師對我說，她把這些冗長緊張的會議當成是快速約會，要跟人相遇，開會是最佳的機會。我懂她的意思，我後來結婚的對象就是同事。

長久以來，我的人生觀就是這種文化打造出的產品。工作過勞，把人視為賽馬，要被鞭子抽、要聽命行事、要賺錢，若你所知的一切就是這些，很容易養成這樣的習慣。

然後，危機與頓悟的時刻來到。當時，我走過雪梨的瑞西卡特灣公園（Rushcutter's Bay

Park），想著英國小說家尼克・宏比（Nick Hornby）的小說《足球熱》（*Fever Pitch*）裡頭的一句話：「人生爛透了，是兵工廠球隊太爛害的嗎？還是該反過來說？」或者說，我在雪梨的人生爛透了，是工作害的嗎？還是我的人生害工作爛透了？

把這個問題當嚴肅的哲學思考，就表示心裡也很清楚自己跌到谷底了。在那一刻，我不得不承認，厭惡自己現在的樣子。我必須爬出谷底。我跟自己約定，以後用別種方法做事。過去十八年的職涯，我向來很輕鬆地履行這個承諾。凡是置身重要場合且需要做出決定，我會默默自問：「麥格理會怎麼做？」然後，我會採取相反的做法。

便利是現代人的無形鴉片

探討今日的勞工，就不得不提到工作與消費主義的交集，或者必須分析過勞與長期通勤造成的時間貧窮現象，導致消費者在做決定時，「便利」成為首要考慮的因素。醜陋的真相，竟是身為消費者的勞工促使新經濟模式的擴張，從而逐漸損害勞工自第一次工業革命以來一步步辛苦爭取到的保障。

當德國經濟學家馬克思（Karl Marx）語帶嘲弄地說宗教是「人們的鴉片」，那時距離優食（Uber Eats）外送服務問世還有一百七十多年。現在的我們是智慧型手機成癮者，只要暫時離開社群媒體和有意離線，就可以視為意志力的勝利。科技有其即時性，等待像退回某種不自在又退化的狀態。看看排隊的人，他們盯著手上的螢幕，再也無法安靜站著沉浸在內心思緒中，必須不斷接收刺激、搜尋資訊或瀏覽網路。

至少在已開發國家，宗教已失去了毒品般的魅力。二十一世紀的特殊鴉片就是「便利」，便利會促發嚴重的認知失調，也許還會掩蓋認知失調的狀況。我們煩惱著氣候變遷，但即便是走得到的距離，還是會騎機車，就因為便宜又方便，也是公車與單車缺少的特性，但公車與單車的碳足跡量卻低了許多。

我們做出這項選擇時，很少考量機車的製造、充電、回收成本對環境的影響。機車在每項指標都呈現負數，就只有在交通尖峰期飛快行駛兩公里（或更短）路程時製造出的噪音才顯示正數，為的是下班後跟朋友見面喝一杯，而那就是我們需要的正當理由。

所謂的汽車共乘也打中了同一種心態，創新與低價更是讓人興奮。計程車業在史上並未吸引眾多關注及有組織的資金，但這模式對業主來說算是足夠了，而既有的公司多年來無法創新，逃避眼前的科技型海嘯，對此種情況幾乎是懷著可笑的滿足。

汽車共乘的原始概念是把愛彼迎（Airbnb）的體系應用於私家車（這原始概念早已被人遺忘）：我們發展出一套都會精密模式來解決汽車所有權，或以計程車形式跟陌生人共乘車輛。一般認為這種現象可減少車輛、提高效率、降低個人交通成本。然而，大型車隊卻出現了，結果反而跟最初預期的環保概念背道而馳，而且還是由收入通常不到最低工資的司機提供服務。

這種情況跟電動機車很像，人們面對更多的永續選擇，例如走路、騎單車、公共交通工具等，反而傾向選擇優步。為什麼？照理來說，在環境爭議或道德爭議的背景下，眼前有多項選擇，我們會知道哪項選擇是正確的，並做出決定。然而，在實務上，便利的因素往往凌駕其他因素，大家很容易相信組織良好、資金充裕、看起來很酷的公關宣傳活動。

如果我們日益傾向選擇比較懶惰的方法，明明可以享有走路的益處，卻騎電動機車，生活方式就會變得沒那麼理智嚴謹。我們的日常選擇可能被演算法的推薦影響，輕易下單，而我們的網路搜尋紀錄、電子商務習慣等也是如此，所以就購買過程而言，獨立思考與蒐集資訊現在已不必要，只要有「最佳的」選擇（幾乎每次都是最方便的選擇），我們就會選擇它，那樣又不費力。便利凌駕了一切。

於是我們不去問衣服怎麼那麼便宜，不去問優步或來福車（Lyft）怎麼能以傳統計程車費用的幾分之一來提供載送服務，不去問隔天到貨服務是怎麼做到的，那顯然並未涵蓋服務成本，肯定不符合最低工資。

馬克思與臉書創辦人馬克．祖克柏（Mark Zuckerberg）有了關聯，我們跪在便利的聖壇前，從拿布滿灰塵的讚美詩集改拿閃亮的行動裝置，沉浸在科技力量中。零工經濟顯然出自因數位革命而催生出來的消費者需求，也是前所未有的公司力量下的產物。

如果付出代價的人既不是公司也不是消費者，那麼肯定就是零工了，零工要麼犧牲收入，要麼增加工時，或兩者皆是。

快速到貨付出的代價

如果便利有如聖壇，就讓我們仔細看看什麼在聖壇上被犧牲了。消費者喬在某家受歡迎的跨國網站訂購一件常見的居家用品做為聖誕節禮物。追蹤喬的包裹路線，就能估算出便利所付出的代價。

- 多家電商都販售該件商品，但從價格和運送條款來看，對跨國大型電商最有利，因為該平台在全美各地都有倉庫支援。由於喬住在紐西蘭，因此電商可利用快遞寄送包裹，以便趕在聖誕節早晨寄達。於是他選擇交貨時間與運費最符合自己需求的賣家。
- 為了做好因應旺季的準備，該電商已雇用一大批零工替貨物包裝貼標。這些勞工並未享有福利與權利，只要主管認為他們動作太慢或沒效率，下次輪班就輪不到他們。倉庫的某位勞工被指派處理喬的訂單，然後寄出包裹。

- 在美國本土，採零工勞動契約的卡車司機把包裹運送到最近的機場交付空運。然而卡車帶來的環境影響，例如道路磨損、柴油汙染、塞車等，並未計入喬購買物品之成本，該電商不必承擔對環境氣候造成的影響。司機卻無法跟大雇主抗衡，也就是說，司機的工時與工資可能不斷被壓榨，更無法享有平常的就業保障。此外，無人機與無人車持續創新並發展，致使這類司機瀕臨裁員。
- 在洛杉磯國際機場，包裹被放入穩固的運送容器，再裝進飛往奧克蘭的貨機。兩座機場負責處理該包裹的機場勞工都已加入工會，享有完善法定權利和保障，比如他們有加班費可領。
- 喬的包裹在直航飛機上飛越太平洋六千五百英里（約一萬零五百公里）。物流供應商計算該包裹的碳足跡，兩公斤的重量與〇．二立方公尺的體積大小相當於二百三十．六八公斤的二氧化碳。[16] 如同包裹的陸運流程，空運的環境成本完全不是由喬或電商承擔；對喬來說，速度才是主要賣點，電商答應在下訂日起五個工作天內送達。

- 篩檢處理作業交給奧克蘭國際機場的貨站員工與報關人員（正職勞動契約，享有紐西蘭法律明定的雇主提撥退休金、補助的健保基本福利等權利），之後包裹會送交給零工快遞員緊急配送。
- 對司機來說，交貨時間是司機工作契約的關鍵要素。市區突然塞車，就表示他的工時必須更長，才能確保貨件都在付款指定時段內送達。他要是趕不上最後期限就會丟了工作，因為有一堆年輕移工會替補他的工作。
- 包裹準時抵達喬的住處，完好無缺。

雖然該包裹的真正成本幾乎無法計算，但短期而言，成本包含兩個國家與國際空域的大量碳排放量，並促使無數勞工在工作條件上讓步。

長期而言，該電商利用政經權勢，在主要的司法轄區外負擔微不足道的納稅義務，在各國際市場削弱競爭對手。如此一來，資方在勞力上的支出隨之減少，貨運路線上的重要基礎設施也不足；而說來諷刺，諸如喬的包裹等貨件運送卻有賴於這兩者。在涵蓋全球的便利及道德之間的競賽，「便利」顯然贏得了最後勝利。與此同時，快速消費的隱形成本悄悄攀升。

過勞與工作壓力，是一種職場流行病

- 在經濟、社會和文化上，科技產業愈趨成為主要力量，過勞與壓力變得流行，興起全新的工作文化——「忙碌文化」。
- 工作繁忙成為常態，各階層勞工的身心健康付出代價。
- 勞工開始運用法律來防止權利與保障遭受侵害，但立法行動卻少之又少。
- 雖然廉價的消費產品和超級便利的服務在消費者眼裡很有吸引力，但省下的成本通常會犧牲零工，零工有可能要拿低於最低薪資，還要花更長時間工作，好讓雇主生意興隆。

第3章

零工經濟讓勞工享福，還是受苦？

靠斜槓擺脫貧窮，卻丟了福利

週休三日保證員工可以彈性工作，不會減損生產力與公司獲利，而許多企業主對此的第一個反應是：我們早就有零工經濟了！確實，對公司來說，「零工」的優勢在於容易執行，不像週休三日複雜。

怪不得「零工」在美國已經進化了，而就國際標準而言，那是不夠大方的勞工福利與保障，以及高成本的健康照護服務。在這種情況下，原本由公司擔負的義務轉嫁給勞工，顯然深具吸引力。

除了所得與彈性工時，零工拿到的並不多，在大部分已開發國家已無法享有標準福利。這些勞工個人做出的犧牲或許看起來很小，但加總起來，無所依歸的零工世代會危害到整體經濟，零工替全球老闆工作，而那些老闆卻只在營業所在地支付最低稅金。勞工變老、生病、筋疲力盡後，誰來照顧勞工呢？

零工模式跟週休三日恰好形成對比，後者是彈性模式，會持續保障勞工，並視公司規模繼續投資於地方、區域、全國的經濟體。週休三日會提供所有零工福利，而且毫無缺點。

然而，就經濟成長歷史背景進行零工源頭的分析，就不會對零工的吸引力感到意外。若要了解零工原則與週休三日原則何以相左，就必須回到零工的源頭，探討致使零工模式危害勞工權利與幸福感和經濟體活力的原因。

歷史上，勞工的進展向來是漸進的，勞工組織的力量對抗公司機構的力量，在各地贏得勝仗。今日正值第四次工業革命，以世界經濟論壇為特色，多項技術結合起來，擾亂了各國的產業，[1] 權力無疑掌握在公司手上。更具體來說，公司若是透過數位平台提供產品或服務，就有能力量測及調解各種互動交流，既然公司在多國都有數位平台，往往能避開具有約束力的國家法規。

在龐大的公司面前，勞工被簡化成工具，演算法帶來的影響遠超過早期網路時代的設想。不只是個人，整體勞動力現在都容易受到變相解雇的侵害。在第四次工業革命的演變階段，零工經濟扮演的角色到底是煽動者還是演變下的結果？這問題該由經濟歷史學家好好思考。儘管如此，零工經濟是公司創造出的得意產物，從美國西岸科技中心誕生，往外擴張，在自由貿易、消費者需求、政府忽視下，大膽發展。

美國創投業者尼克．哈諾爾（Nick Hanauer）說過，革命是逐步到來，接著突然爆發。[2]零工經濟可視為革命內的革命，我們尚未充分理解，零工經濟的運作就先成為生活的一部分。二〇〇〇年代晚期以前，零工經濟原文 gig economy 中的「gig」一詞只有一個意思，代表某種表演形式（通常是音樂類）。[3]全球金融危機扎根之時，該詞的用法突然變化，出現「零工經濟」一詞，用以形容美國人兼多份工作來暫時擺脫窮困狀態，往往沒有工作契約，也未享有福利。

二〇一五年，《金融時報》（*Financial Times*）正式把「零工經濟」列為名詞，並指出以前只有一九二〇年代的爵士俱樂部音樂家要辛苦餬口，沒有健康照護、退休金、有薪國定假日等福利，而新世紀的科技卻讓擁有汽車或多餘臥室的人成為零工經濟勞工，這要多虧了住宿分享應用程式與平台（例如愛彼迎）吸睛又簡易的使用者介面。[4]

優步與來福車這兩大仰賴零工經濟的科技公司面臨一連串訴訟，從而檢討起哪些工作該提供給零工。美國記者艾拉娜．山謬斯（Alana Semuels）在《大西洋》（*Atlantic*）雜誌寫道，二〇一八年加州最高法院的裁決直搗零工經濟的矛盾核心：雇主說勞工喜愛獨立契約的彈性，勞工可自行安排工時，但勞權倡議者告誡大家，公司是在逃避責任，並把以前的業務成本推給勞工，勞工再也無法獲得以往的勞工保障與福利。[5]

零工經濟的特徵是缺乏可靠的量化數據來呈現勞工的意見與渴望。在山謬斯描述的加州環境，有很多人聲稱怎樣對勞工最好，卻少有勞工發聲。週休三日模式由員工帶領最好，但在零工經濟的模式，似乎沒人去問來福車、物流公司 Instacart 和外送公司 Postmates 的司機，他們到底寧願當獨立承包人還是員工？[6]因為早就有人替司機做主。

自由與彈性的零工世界可能是場地獄

聖彼得在天國之門迎接一位死於意外的成功專業女性，直言不諱地提出一道難題：「你那行的人通常不會來這裡，所以我要你一天待在地獄，一天待在天堂，然後你再決定想永遠待在哪裡。」

那位女性度過此生與死後最美好的兩天。她到達地獄，碰見老朋友和新朋友，跟友人在漂亮的鄉村俱樂部打一場高爾夫球、共享豪華晚餐、一起跳舞。她碰見惡魔，發現惡魔魅力十足，大家都很開心，健談，還在她離去時與她握手。

她待在天堂的那天都在雲端上放鬆，彈豎琴、唱歌，很是享福。聖彼得來了，他說：「現在該選擇了。」

那位女性已想好答案：「我從來沒想到會說這種話，可是地獄太好玩了，我度過開心的時光，那裡的人也很好，我想永遠待在那裡。」

聖彼得應允了她的願望。不過，這次地獄之門打開時，她眼前是片廣大的灰色虛空。所有人都很悲慘，看不到鄉村俱樂部，也沒人跳舞。惡魔在那裡，她轉身對他哀訴：「發生了什麼事？我選擇地獄是因為那裡都在開派對！」

惡魔聳肩，露出微笑：「昨天我們是在招募你，今天你是員工了。」

這個笑話有幾種版本流傳多年，應該是在描述零工經濟答應要把天堂給勞工，說想工作就工作，當自己的老闆，彈性至上。台詞這麼有吸引力，怪不得零工經濟會爆紅。在這種全新的工作概念下，紐西蘭奧克蘭、美國奧斯汀和約旦安曼的人，都運用汽車共乘應用程式來買賣簡單的零工型服務。

雖說自由與彈性是零工享有的贈禮，但在工業時代的工作構成與改革上，固有的一些元素全都隨之不見。在零工經濟的模式下，法定最低工資、年假津貼、帶薪病假、帶薪育兒假、喪假、雇主提撥退休金等既有的福利全都消失不見。實際上也沒有雇主，畢竟又沒有傳統意義上的「工作」。「為了活下來而工作」這句話從來沒這麼貼切過。

這種情況的發生並非偶然。曾任優步軟體工程師的蘇珊・福勒（Susan Fowler），她在二〇一七年二月的部落格中揭露該公司的權力遊戲式管理文化，公司以有爭議的方式對待女性員工，內部普遍出現不當行為。之後，她替《浮華世界》（*Vanity Fair*）雜誌寫了一篇坦率的報導〈「我們到底做了什麼？」矽谷工程師怕自己創造了怪獸〉（*'What Have We Done?' Silicon Valley Engineers Fear they have Created a Monster*），精確描述勞工的脆弱與公司的冷淡會漫不經心地破壞就業保障，公司還以「何不」的口號吹捧零工經濟的吸引力，例如：「何不自行安排工作時間」（優步）、「何不當自己的老闆」（來福車）。

福勒表示，她無意間聽見同事討論怎麼利用獎金「哄騙」司機花更長時間工作。[7] 演算法讓科技公司興奮，因為有效；然而，演算法也騙不了人，二〇一八年，紐約計程車暨禮車管理局（New York Taxi and Limousine Commission）進行研究發現，紐約市零工經濟型司機有八五％賺到的收入低於紐約市最低工資時薪十五美元，之後管理局宣布二〇一九年一月中起，優步、來福車、Via、Gett/Juno 必須支付隨召隨到的司機最低十七．二二美元的淨時薪。

根據管理局的計算結果，這個金額相當於最低工資加上自由工作者的額外稅務成本，可以補償沒有有薪假的約聘人員。管理局說，這項變革實施後，紐約市替汽車共乘公司開車的八萬名司機有九六％平均一年收入增加將近一萬美元。[8]

福勒對零工文化新興吸引力的描寫可說是一針見血：「零工經濟生態系統理應是一塊樂土，在供應與需求之間達到平衡，也就是說，消費者能減輕通勤、採買食物日用品這類苦差事的負荷，勞工能脫離雇主的掌控。」

事情聽起來好到太不真實，應該就不是真實的，而零工經濟明確證實了這點。雖然勞工渴望彈性也重視彈性，但零工的美麗新世界有個有害真相：我們幾乎全在一夜之間改造自己，適應了這種大膽的經濟模式，卻不太理解該模式會引發的後果。也許還有一點更糟，如同福勒在《浮華世界》的文章標題所指，我們允許世上一小撮科技奇才解開怪獸的束縛來威脅自己。

低度就業、流動率高成為勞資危機

零工經濟承諾的前景核心，在於零工經濟給了人們想要的東西。零工經濟在表達上往往採用勞工受益的措辭，公司之所以順應零工體系，是因為從小到大用手機上網的千禧世代最想獲得工作上的彈性，於是零工經濟就是答案了。

我認為零工經濟承諾的前景是空洞的，只是在放長線釣大魚。大家當然很想掌控自己的工作行程，很希望工作和生活平衡不是妄想，而勞工若經常獲准調整工時、接小孩放學，很可能對工作更加忠誠、盡心盡力。後文會再探討這個名為「社會交換理論」的現象。

然而，希望工作有彈性並不代表同時想兼四、五份工作。就算真有人這麼想，也少之又少。自古以來，人類對工作的基本態度一直沒變，我們希望口袋裡有錢，希望工作能實現抱負，不想僅止於勉強餬口。

正如第一章所述，澳洲青年基金會的資料指出，已開發國家千禧世代面臨就業危機，處處可見低度就業的情況，各行各業面臨自動化及較不穩定、較短期的工作趨勢。在這些變動下，最低工資、休假權利等標準勞工保障開始不知不覺變得過時。

跟上一個世代相比，零工經濟問世不到十年，澳洲勞動力的職業軌跡卻有了大幅變化，在健全發展的國家中，他們可說是數量相當可觀的一群人，想想當中的含意！

澳洲青年基金會的研究結果猶如一記警鐘，現在低度就業或兼做多份工作的年輕人在比例上非常可觀，就算這股趨勢在施政或其他措施下產生變化，很高比例的工作人口應該還是會困在零工陷阱裡好些年。

其他已開發國家也是同樣情況。法國曾對一萬名中輟生與大學畢業生展開二十年的研究，而奧克蘭大學對該項研究進行分析，在此引用伊莉莎白．喬治教授（Elizabeth George）的話：「如果你一開始就接受這類非標準類型的工作安排，例如臨時（工作）或約聘……那你改變現況的機率就變得很低，你陷入困境，那真的有點可怕。」[9] 她說，原因之一是雇用臨時工的公司沒有投資臨時工的誘因，而臨時工沒培養新技能就無法晉升。

同一時間，零工經濟的代理人運用媒體扭曲立場來強調優點、掩飾缺點。BBC.com 推銷會計業服務的廣告，滿是穿著考究的獨立承包人相片，背景是乾淨明亮、共享的專業工作空間，視線所及沒有司機和倉庫包裝員。[10]

此外，零工經濟支持者聲稱最大的受益者是公司，但公司其實會受到危害。根據《經濟學人》的報導，前陣子南卡羅萊納大學進行研究，發現若輪班情況保持一致並讓員工透過手機應用程式換班，蓋璞（Gap）店面的銷售量會增加七％。所謂工作的取得性，是指如果「像工廠裡的小螺絲釘」排定員工行程、毫無彈性，可能導致勞工流動率增加、曠職、不佳的服務增加，營收受到損害，而勞工只要看到更好的條件就會「走到馬路對面的別家零售商」。[11]

說來諷刺，就算是處於科技特權中心的員工也通常不會替某位雇主工作很久，比如像福勒描寫的薪資高、保障多的工程師。華裔美國記者張秀春（Emily Chang）在其著作《男人烏托邦》（*Brotopia*）表示，Indeed 人力公司發現舊金山軟體工程師在所有都會區同業中，工作年資最短（只有兩年出頭），原因是個人抱負與大量的產業機會：「工作是『零工』，短期工作很普遍。」[12]

沒有罷工，沒有協商，勞權倒退

蘇珊．福勒認為，脆弱的零工階層之所以興起，與其說是偶然發生，不如說是有意為之，「一連串的法律訴訟凸顯零工經濟引發驚人的附帶後果，亦即勞工階層不受勞工法保障，或沒資格獲得國內其他勞動力享有的福利」。[13]

對傳統就業結構下有組織的勞工而言，罷工可說是既有的有力工具。對不受影響的觀察者而言，罷工有時很像好萊塢賣座鉅片，風險很高，血壓又會上升，例如二〇一八年聖誕節前，紐西蘭航空（Air New Zealand）的代表、航空工程師、物流勞工針對薪資與勞動條件展開氣氛緊繃的協商，他們面臨罷工三天的可能性，數以萬計的乘客的假期交通可能被打亂，那會是紐西蘭航空最糟糕的公關災難。已開發國家對罷工早就習以為常，就在我撰寫本文之際，英國最繁忙的希斯洛機場的勞工已宣布在八月放假旺季展開罷工。

紐西蘭航空的罷工危機在調解下化解了，而情況變好的勞工理應享受聖誕節，然而在零工經濟下，沒有罷工，沒有協商，勞動條件也沒有改善，因為雇主沒有誘因和法律義務，勞工也無法抗衡。

在許多已開發國家，勞工組織者與勞工努力抗爭數十年，才在立法上取得穩定進展並確立勞權。為了享有優食外送的便利，就讓前述的進展灰飛湮滅，這樣似乎並不明智。

然而，零工經濟造成的後果遠超乎勞權受到侵害。對許多勞工來說，持續的專業發展是職業晉升的核心，但正如喬治教授所言，在零工經濟下，雇主沒義務也沒誘因投入勞動力的教育或培養。

試想推動零工經濟的大型公司對產業進行去中間化，把勞力分割成近似生產線。亞馬遜公司希望某位勞工負責送貨，那公司需要培養該位勞工的技能嗎？不需要，畢竟工作內容很有限。不久，勞工就會被無人機取代，就連有限的零工也會消失。優步擁有大批司機並蒐集「富數據」，這些數據最後會用來運作無人車：「你在這裡的工作結束了，感謝配合。」

這幅景象好像在潑冷水，但要是不提及許多人就零工經濟的優點提出的論據，就是我的疏忽了。零工經濟確實承諾工作會有彈性並可自行掌控，還說越來越多人想要這種工作，例如剛加入勞力市場的千禧世代、忙碌的中年勞工、仍在就業的退休人士。只要工作是標準工時，又不用堵車通勤，那麼每天上班的苦差事肯定是比較容易忍受。在勞工眼裡，工作的彈性具有極大吸引力，這背後有其充分的理由，畢竟大家都希望更能掌控工作日，也希望自己的生產力受重視，而非光看打卡的工作時數。

不過，零工模式是否具備真正的彈性？正如大家所知，就算是高薪階層，長期與永久供職的概念也變得越來越陌生。然而，長工時並非如此，最起碼美國許多產業長工時還是很普遍。就我的觀察，這是因為表面上雖說是彈性，但實際上卻是永遠都有空的意思。零工讓自己某些時段有空工作，但決定零工是否有工作的人，仍是零工的雇主。

該項決定不僅端賴價格因素，演算法亦可做出判定，哪些勞工讓自己最有空工作，就位於零工樹頂層。換句話說，勞工要確信自己能拿到穩定的零工工作，就不得不盡可能隨時待命，而隨時待命時數最長的人就能爭取到零工工作。零工經濟表面上的主要益處因此徹底遭到削弱。

我反對零工經濟還有另一項因素，在目前的零工經濟結構下，風險是由勞工擔負，好處都直接落到雇主手上。零工能倚靠的只有自己，也沒有福利。因此零工做到身心俱疲、生病、變老也沒存款可用，畢竟各種低薪零工的收入只剛好夠支付高昂的生活成本，雇主把零工的價值壓榨光後，卻沒義務幫助零工，那麼後續費用由誰承擔？

大家都有責任。除非願意眼見同胞倒在路邊，否則就必須利用稅基支付健康照護、權利（例如退休金）、其他福利方面大幅增加的成本。經濟學者都會說算起來很簡單，某些領域需要更多經費，政府就要減少服務、販賣資產、在國際市場借貸、擴大租稅平台，藉此籌措資金。

不過，明明有可行的工作模式能讓勞工和公司享有保障、遵守法規、擔負責任，為什麼要容忍零工經濟模式及其帶來的長期經濟負擔，甚至是風險？週休三日具備彈性，員工起碼也能享有維生工資，而勞工和公司要按比例納稅。週休三日不走經濟捷徑，也不讓少數財閥致富，而犧牲掉眾多一般的國民。一般人只想擁有像樣的生活品質，有機會養家存錢，好享有工作以外的將來。

新型態的封建制度早晚會被革命造反

如果零工經濟問題最合理的解方是立法（此舉是相對於等待並希望大型零工公司自行調節，那簡直是不可能），那就要檢討課稅方式。對於公司稅收失衡情況，在政治上的處理仍未成熟。

根據《紐約時報》二〇一八年十二月的報導，蘋果公司（Apple）終於在長期遭批評於海外製造產品並把利潤藏在國外，避免遭美國課稅後，利用川普時期的新稅法，把先前在美國境外持有的兩千五百二十億美元匯回美國，並公布一項為期五年、三百多億美元的投資，以及大規模創造國內工作機會的計畫，包含一處新園區。[14]

其他地方也多少努力打擊科技稅的避稅行徑。二〇一八年，英國時任財政大臣菲利普．韓蒙德（Philip Hammond）宣布數位服務稅法將於二〇二〇年生效，目標是英國境內最大、最富裕的網路企業的營收。根據某項政府調查結果，谷歌依英國公司稅法支付的稅金為一千六百萬美元，但二〇〇六年至二〇一一年的營收卻高達一百八十億美元。這類公司長年飽受抨擊繳納低額稅金，而在新規定下，公司要「自行估算」稅金，這種既有的現象也許不會有所改變。[15]

與此同時，《彭博社》報導，歐盟正在討論該稅是否該採用三％的稅率。有些會員國持反對立場，理由是徵稅成本會高過於營收。根據《紐約時報》二〇一九年七月的報導，法國立法者採取動作，對臉書、谷歌等美國科技公司徵稅，「在川普總統逐步升級的貿易戰下，此舉使得法國直接成為貿易戰的攻擊目標」。16

若說歷史有如嚮導，那麼政府必須立刻採取行動，本地的中小企業與公司遵守的規定也要施行於跨國科技公司。想想十八世紀法國學到的教訓。當時法國的社會階層分成三種：貴族、教士，其餘九七%的平民。前兩種階層的財產課稅很低，甚至不用繳稅，而平民要繳稅並負擔其他稅賦。最後結果是什麼？血腥革命爆發，舊世界與新世界都承受長遠影響。

尼克．哈諾爾的巨額身家部分得益於早期投資亞馬遜，而他現在正遊說爭取提高勞工最低工資和其他福利，他在 Politico 網站告誡大家，如果富豪不處理日益嚴重的不平等現象，那麼「平民將舉起乾草叉對付財閥了」。哈諾爾在寫給「我的富豪同胞們」的公開信中表示，雖然「你我這種人茁壯的程度超乎史上任何財閥的夢想」，但其他國民並非如此。

哈諾爾指出的問題不只不平等，在他看來，只要是高功能資本主義經濟體，本來就會有不平等現象。真正問題是美國快速走向封建社會，頂端一%的人掌控約二〇%美國國民所得（一九八〇年是八%），底端五〇%的人只賺取一二%國民所得。

哈諾爾使用的比喻來自法國十八世紀晚期，法國大革命前的社會階級分成富豪和貧民，沒有中產階級。哈諾爾認為社會無法長久處於經濟明顯不平等的狀態，除非修正問題，否則最後顯然會出現以下結果：「從人類史上的例子就可得知，財富累積成這樣，平民最後一定會舉起乾草叉。你們給了我高度不平等的社會，我就給你們警察國家，或起義。沒有反例，一個也沒有。重點不是會不會發生，而是何時會發生。」[17]

你也可以主張零工經濟是新型態的封建制度，少數的統治者（即執行長、創辦人與企業家、投資人與股東）踩在努力工作又不受保障的民眾身上，變得越來越富裕。哈諾爾表示，美國越來越不資本主義，越來越走向封建社會。全球財富鴻溝擴大，零工經濟並非唯一因素，但零工經濟幾乎沒緩解這種失衡情況：二〇一八年起，全球最富裕的二十六名富豪的資本淨值等於全球最貧困半數人口（約三十八億人）的資本淨值，全球的富豪人口（約四千

圖 3-1　2018 年全球富豪財產占比

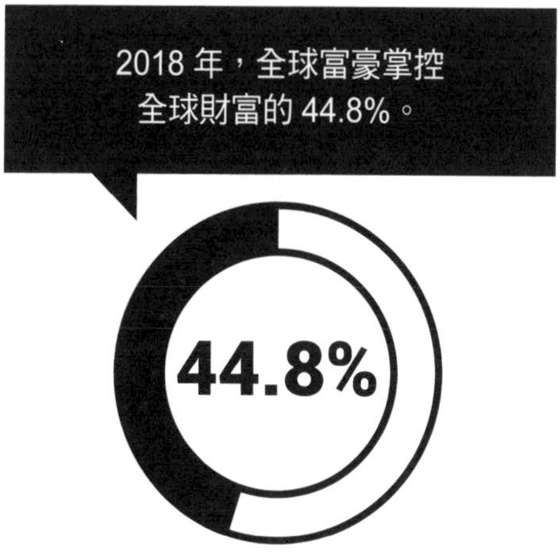
2018 年，全球富豪掌控
全球財富的 44.8%。
44.8%

兩百萬人，概括上是「一%」）掌控全球財富的四四．八%（見圖3-1）。[18]

亞馬遜公司創辦人傑夫．貝佐斯（Jeff Bezos）的資本淨值光是二〇一八年就增加兩百四十億美元，就算二〇一九年因離婚付出三百八十億美元，還是不影響他的富豪地位（在此之前史上金額最高的離婚協議是二十五億美元）。[19]

明確來說，亞馬遜應該比其他公司還要更普遍又更專業地濫用零工模式，目前美國只有兩家企業的市場投資超過一兆美元，亞馬遜就是其一，另一家企業是蘋果公司，其產品利用無以計數的零工。

零工經濟也許是一種症狀，呈現出美國傳統公司與數位時代發生衝突後，產業更不講道德的現象。張秀春在《男人烏托邦》即描繪矽谷的男性主義如何阻礙科技業女性的機會與晉升。某位女性企業家對科技業普遍男女權力失衡現象厭倦不堪，張秀春在書中引用她的話：「矽谷有重大的道德問題存在，問題核心就是有錢人認為做什麼都不會受懲罰。這些傢伙有很多走了好運，成了報紙上會報導的富豪，所以就覺得自己是宇宙之王。」[20]

前述觀察呼應了蘇珊．福勒對優步文化的評論，如果普遍抱持這種態度，怪不得做零工勉強維持生計的普通人漸漸成了被忽視的族群。

我當時尚未構思出週休三日，現在也沒提倡生產力導向的工作彈性，畢竟我害怕平民的乾草叉，但我認為哈諾爾提出的告誡有事實根據。少數人拿自家的超級遊艇比來比去，數以百萬計的人卻連父祖輩那種相當普通的個人財富指標（例如成家）也達不到，那麼這種社會肯定走向瓦解。

目前的零工經濟型態會侵蝕破壞社會財政，幸好只要政界與商界有共同的意願就能淘汰零工經濟，沒人要單獨扛起負擔。週休三日是一條往前的明路。

敏捷制能解決零工經濟的問題？

回首我從皇家海軍到永恆守護者公司的四十年旅程，就能看出我的工作具有一致的型態。在現在的我看來，我反覆受到公司變革管理職務的吸引，好像對零工經濟帶來的許多趨勢有一種預感。

其中一種趨勢就是「敏捷式」工作法。在《富比士》（*Forbes*）雜誌上，美國作家史蒂夫．丹寧（Steve Denning）區分盡量有效利用原有商業模式的公司及敏捷式組織，他說敏捷式組織是「活生生的有機體，會不斷成長、學習、適應，還會持續變動，藉此利用新的機會，並為顧客帶來新價值」。

敏捷的概念是利用員工的精力與靈感，鼓勵員工創新並為顧客帶來價值。丹寧表示，這種過程可建構出自主與自我組織的團隊，團隊會重視「透明化與持續的改善，而可預測性與效率則是次之」，此外也認可「開放互動式的對話比由上而下的指揮更寶貴」。

該概念就是不再投入任何沒為顧客帶來價值的工作；正如丹寧的結論，「成功的關鍵不是更快完成更多工作，關鍵是更聰明地工作，從更少的工作中產生更大的價值，並更早交出成果。」[21]

在此必須說清楚，我對敏捷的目標是在事業中創新這點並未持反對意見。我關切的是實施的方法，以及施行後有多少潛力可讓就業結構與條件產生重大改變。看起來很成功的企業在既有結構上無法實現有意義的創新與改變，也沒有廣泛的組織變革，為什麼？

我家鄉附近有兩個例子，之前紐西蘭最大電信公司 Spark 宣布採用敏捷式工作法當成新的經營模式。丹寧把敏捷式工作法的誕生歸功於二〇〇一年的軟體開發宣言，並認為敏捷式工作法近來已成為「全球一大運動，擴及軟體以外的範圍，背後的推動力在於發現組織若要能應付今日紊亂的顧客導向市場，唯一的方法就是採取敏捷式工作法」。[22]

Spark 的主要競爭對手意識到其益處。二〇一八年三月，這家位居第一的電信公司在媒體上表示要採用敏捷式的輪班制度，[23] 不久後，紐西蘭沃達豐（Vodafone New Zealand）電信公司宣布類似計畫，同時承諾不改變勞動契約，藉此巧妙躲開爭議。[24] 後來，沃達豐公司要求兩千七百位員工當中的兩千一百人考慮自願離職。[25] 另一方面，Spark 公司遭受猛烈抨擊，該公司在組織改組與裁員期間安排調班時間，還要求一千九百位的員工簽署全新的敏捷制契約，不然就離開公司。[26]

也許太陽底下真沒有新鮮事，我對於敏捷制爭議（大多有關勞僱權利，跟基本方法學無關）所做的觀察，讓我回想起在花旗銀行及其後在 Tower 公司的短期工作，我在這兩處都被要求掌控組織重整情況，把兩個截然不同的單位合併成一個新的澳洲財富管理部門。常有的困難顯而易見，領導階層長期真空，資深同事則派駐在不同國家的多座城市。

我帶來自己在花旗銀行領導團隊的多數成員，所以在 Tower 公司採行的做法比較沒有碰到阻礙。我能恢復每天的早餐會議，這種會議具備即將面世的敏捷式工作法的若干特性。我們行動快速，邊喝咖啡邊討論問題，當場在做法上取得共識。我們快速落實變革，讓該企業脫離母公司，然後以「澳洲財富管理有限公司」（Australian Wealth Management Limited）為名在澳洲證券交易所首次公開上市。

今日，大家討論敏捷式工作法時，是指能快速落實變革，而且通常跟科技的改進有關。當我去看我們在花旗銀行、Tower 公司、澳洲財富管理公司達到的成就，推出新產品，公司金融交易也很快速，確實符合前述定義。我帶領的團隊靈活、高功能、全心投入工作，但我承認往往是太過投入。

在員工依法享有的權利與自主方面，我們從未讓步。我對現今採行敏捷式工作法所產生的疑慮，以及法律專家對 Spark 案例所表達的疑慮，有部分相同之處。雖然 Spark 堅稱其採用敏捷制並調整契約完全合法，但評論者點出幾個問題，比如，該家公司跟員工的磋商期短暫，敏捷制在紐西蘭法律背景下，普遍未經檢驗。[27]

從我的經驗即可證明，在既有勞動契約的架構下，可以進行快速創新，前提是要運用高成效的領導力與溝通。然而，敏捷制契約會致使雇主與員工間的權力平衡斷然轉變，獲益的是雇主。正式改到敏捷制契約後，不管工作期限是否合理，只要員工無法依雇主決定的時間表完成工作，員工會不會被輕易解雇？

當然，全體員工都有要遵循的績效標準，而週休三日本身就是跟產出有關的生產力政策。差別在於工作的目標是雙方一起制定並取得共識，而且工作契約是目前就業服務法的範本，失敗的話，只是損失週休，不會丟失整個工作。

我不由得猜想，會不會敏捷制的例子並非自然發展而成，而是某家衰退的公司或某個產業到達飽和點的公司，為了反敗為勝，採取孤注一擲的方案？為什麼改採敏捷制的公司之前會覺得難以繼續經營？仔細查看也許能發現真正的問題是領導無方。只要是採行敏捷制並實施全新懲罰型契約模式的公司，都值得探究目前的管理高層是否適任。

敏捷制的概念如同週休三日，不會止步於常務董事的辦公室門口。如果我們相信史蒂夫・丹寧對敏捷制的以下評價：「認可開放互動式的對話比由上而下的指揮更寶貴」，[28]那麼敏捷制與週休三日表面上是有一些共通特質。

然而，敏捷制太常變成裁員的同義詞，而努力提高商業效率的時機恰好與員工人數減少的現象不謀而合，無論是自願或被迫離職。在週休三日，求取高效率不只是為了保障工作、提高生產力與獲利，也是要提供更多福利給勞工。週休三日是賞罰分明的做法，員工獲得的獎賞是更好的工作保障，而不是處處受責難。

第 4 章

週休三日不只是多休一天假

雇主為效率和員工福利實驗週休三日

我走遍世界各地，在聽眾、媒體、領導人面前闡述我基於哪些理由進行週休三日的實驗，我會提醒：「我是個商人。」我所屬的組織既非慈善事業也不是社會企業，而是典型追逐利潤的公司，我也持有公司股份，擔負兩百四十人的工作與福利，還必須向公司董事會說明重大決策背後的充分理由。總之，我的情況大致是如此。我很清楚，週休三日肯定會在董事會引起爭議，後來實際引發的爭議稍微大了點，因為我忘了事先告知董事，他們看了電視報導才得知消息。

永恆守護者公司依照紐西蘭本土企業標準，堪稱大雇主，也是紐西蘭最大法定信託公司，監督資產達紐幣兩千多億元（約新台幣三兆八千億元），其利潤動機，代表我開始思考週休三日的實驗時，我的作為並不是基於慈善，也不是渴望受到員工喜愛。我的動力是講究實證的好奇心。我在飛機上頓悟的那一刻，發現加拿大與英國某些職場的生產力低到一天只有一・五至二・五小時，不由得既詫異又驚慌。永恆守護者公司從未正式量測員工的生產力，我們公司的平均個人生產力到底是多少？

順著這個思緒，我浮現了一個念頭，要是請員工在標準的四個工作天稍微提高產出，換取每週多休一天，也許會產生少見的有益結果。如果每個人用標準工時八〇％的時間，完成一〇〇％的工作，賺取一〇〇％的薪資，會怎麼樣？

週休三日實驗的出發點就這麼簡單。當時我們正在取得資料數據，想比較永恆守護者公司和其他市場與產業裡規模類似的公司。如果我們一天完成的事情多過或少於其他公司，原因是什麼？一開始只是自家公司的實驗，為的是確立我們的工作方法會對團隊產生何種影響，找出哪種方式可以更聰明地工作。

等到我們的故事陸續登上當地及國際媒體後，我們才開始有意引起全球針對生產力與週休三日展開對話。

雖然聽起來也許野心太大，但大家都格外想了解我們的實驗，再加上後續發生的餘波，於是我得知對話的時機已經來到。我在坐上那架飛機前就已確信，我們今日的工作方式再也行不通。

我回到紐西蘭，直接去見人資協理克莉絲汀・布勞瑟頓（Christine Brotherton），討論我寄給她的電子郵件，內容是《經濟學人》的報導和我提出的宏大想法。我必須說服她和領導團隊，讓他們覺得週休三日並非不切實際的想法，而她理解到我很認真看待週休三日的實驗，也體認到我不會危及公司的生存，於是我們一起討論週休三日的目的。

在員工面前，**我們不會把週休三日講成是長週末或多放一天假，而是當成贈禮，藉此換取高生產力，並達到客服標準、公司內的個體目標與團隊目標**。我們認為，員工只要改善專注力與動力就能提高效率，因此我們向員工說要測試這項理論，打算把公司當成實驗室。

全體員工都願意冒險一試。當時我在會議上解釋概念，全場先是錯愕的沉默，繼而是遲疑的笑聲，最後才是掌聲。整個團隊都願意接受挑戰，採取不同的工作方式。他們顯然明白重點不只是過程與方法，而是怎麼做才可以更懂得控管時間。我們約定，員工只要完成工作又能讓顧客滿意，我就會贈送每週一天的全薪假，而且員工上班的那四天，工作時數不用加長。於是，我們決定試試看。

行動勝於言語（或掌聲），而我察覺到很多資深團隊主管對這種模式抱持懷疑態度，費了不少心力他們才願意放下疑慮並接受，甚至參與實驗。主管是否願意嘗試並發揮實驗需要的領導力？同樣地，員工是否願意迎接挑戰？是否願意為了更有效管理時間，而改變工作的行為與流程？

有太多的問題沒有答案，但我對團隊的成果抱持樂觀態度。

把生產力擺在第一位

經過一個月的規劃，我們在二〇一八年三月著手實驗，就算結果無法提供全部的答案，但終究會邁進一大步，讓公司在員工眼裡、在獲利上都經營得更好。我們很清楚，如果這種做法對我們有用，就算只有一定程度的用處，也證明了週休三日（亦稱另類彈性模式）可以應用於其他公司。

第六章會深入探究我們如何設計、進行實驗，以及後續如何在公司落實週休三日，但務必要注意，週休三日大部分的架構出自員工，我們要求他們設計實驗時，應基於個人與團隊的工作量、績效目標和個人進度。

我們在二〇一五年至二〇一七年進行員工投入度問卷調查，這些資料成了實驗前的對照基礎。然而，問卷上的問題不夠嚴謹，只詢問員工對公司有多投入、對工作有多滿意，所以結果也相對膚淺。因此我們體認到需要外部專家鑑定，於是邀請學術界研究人員監督實驗的準備作業，實驗本身和後續產生的效應都是十分寶貴的經驗，在投入度等指標上都取得完整的數據。

第四次工業革命的後果難以預測，我直覺認為彈性工作是雇主理應採取的正確做法（我們的例子是週休三日，但本書會討論其他選擇），而這場實驗最能用來驗證我的直覺。身為雇主的我期望公司財務健全、能穩定成長、避免虧損，還有擴展平台與服務，開拓新市場。我也希望公司文化良好健全，員工的工作和生活都能發揮最佳表現。員工理應表現良好，他們關愛的人也理應獲得善待。

雖然傳統工時制的問題並未明顯讓我的公司遭受傷害，卻普遍存在於現今的工作文化，我本能覺得週休三日是解決弊病的辦法。我們的員工都明白，生產力是該場實驗的第一目標，但我也試圖找出工作和生活是否能達到最理想的平衡狀態，是否能要求人們上班時完成更多工作，換取更多休假時間，藉此防範過度的內在壓力、身心健康問題、勉強出勤及超連結。我認為，該場實驗會有助於理解我對員工幸福感的關切是否合理，週休三日到底是不是解決的辦法。

其他雇主若正在衡量是否該改變，我要說：「先制定目的。」週休三日只是彈性工作的一種，也許不是每家公司都適合。明確訂定從董事會到領導者與員工各階層想達到的目標，你想不想增加投入度與生產力、減少曠職與勉強出勤、吸引及留住人才、激勵員工、達到更好的組織健全度與文化、增加營收？目標一開始就很明確，即能準確量測出成就與里程碑。

不斷詢問員工的意見。請員工思考如何增加個人與團隊生產力，並進行討論及記錄，這樣就能針對生產力的樣貌展開具啟發性的對話，不是概括籠統的討論，而是在個人角度上就所屬公司進行詳細討論。這類資訊十分寶貴，請做好萬全準備，在這過程投入時間，然後根據獲得的答案做出決定。對領導者與經理人而言，這是個擔任全方位角色的機會，可致力落實該措施，引領及指導團隊。這樣投入後就可培養信任感，還能獲得除績效外的諸多益處。最寶貴的一項成果，就是會有更多人在工作中獲得樂趣，如此一來，企業就能蓬勃發展，程度遠超乎資產負債表上的數據。

想想公司所在的城市與國家，在人口結構上有什麼樣的改變，想想彈性工作會對更多元的勞動力帶來何種影響。公司有沒有兼職員工？員工有沒有撫養年幼子女？有沒有不同世代的勞工？有沒有員工是從其他的國家與文化移居過來？要讓員工在職場與家庭都發揮最好的表現，職場體系需要提供什麼給員工？

最重要的，坦承面對公司在目前型態下有什麼可能性。後文會探討週休三日與彈性工作會碰到哪些阻礙，但現在見證、聽聞了嘗試過卻失敗的例子，我在此可以說，失敗的常見因素有兩種，一是缺乏根基，二是缺乏由上而下的做法。

單方面施行週休三日是無法成功的，必須先全盤掌握下列事項：全體員工每日的工作內容、員工在哪些方面可以做得更好、員工想要改變哪些方面。換句話說，實驗的重點在於你要以何種方式找出不知道的事。在進行實驗前，我花了四年在兩家被收購的公司裡，費心培養出嶄新的事業與健全的文化，例如在傳統企業採行分層式的數位管理法。雖然我們在某些方面已經很敏銳了，但該場實驗揭露，現任員工會從前任員工那裡，交接到各種老套費時的工作，經理往往沒有明確認識到企業深層的生產力障礙。員工的休假日一旦被不必要的費力工作挾持，員工就會找方法把工作做得更好。

記住，**週休三日的重點是「生產力優先」**。我想不出有什麼說法能比這更明確了。每當人們問我週休三日有什麼好處，我都會提醒對方，良好的感受是次要的益處，畢竟不管喜歡與否，我們目前的生活都有賴於公司獲利、稅池盈滿、家庭保有償付能力。有個絕佳的彈性工作案例可達到商業上、社會上、公衛上的目標，但若生產力不佳或無法維持下去，那麼一開始就會失敗。

週休三日的成功模式如下：把生產力放在第一，並激勵員工也把生產力視為第一，這樣的價值觀體現在董事會與資產負債表，並擴及勞工的家庭生活和個人幸福感。

週休三日不只是多休一天假

- 企業主與領導者若考量採用週休三日，進行實驗是很有價值的舉動。實驗後就能蒐集資料，比較公司跟其他市場與產業裡規模類似的公司。在全公司上下測試「一〇〇－八〇－一〇〇」模式，就可查明員工改善專注力與動力後，是否能提高效率。
- 永恆守護者公司的實驗成果證明週休三日（亦稱另類彈性模式）可應用於其他公司。
- 理想上，公司的週休三日體系大部分應由員工發想，他們在設計實驗內容時，可基於個人與團隊的工作量、績效目標、個人行程偏好，而前述要素依組織而有所不同。
- 若要監督實驗和成果，並產出有用的資料，請考慮雇用外部專家。我們邀請學術界研究人員投入永恆守護者公司的實驗，他們能在投入度和其他諸多指標上取得完整數據。
- 先制定目的。週休三日只是彈性工作的一種，也許不是每家公司都適合。明確訂定你從董事會到領導者與員工各階層想達到的目標。目標一開始就很明確，即能準確量測出成就與里程碑。
- 坦承面對公司在目前型態下的可能性。
- 不斷詢問員工的意見。請員工思考如何增加個人與團隊生產力，並進行討論及記錄。

第 5 章

成效如何，讓數據說話

為求可靠，商請學者量化和質化研究

商界有句名言：「可以量測，就可以控管。」我們預先考量及規劃週休三日實驗時，就知道這句話是我們公司第一階段很重要的準則。其中一大要件就是必須向董事會證明，實驗要是能順利進行，就表示週休三日是有效的工作方式，也能長期執行，應列為公司經營的一環。我根本沒想到竟然會登上國際頭條！實事求是的董事會很在意具體的數據（而成功後更是給予諒解），於是我們準備著手取得相關數據。

說到這，我們當初出了個錯，還沒蒐集到完整數據、還沒全面了解公司實驗前的投入度及工作和生活的平衡度，就先宣布要進行實驗。原本可以把初期的數據當成控制組，用以對照員工接受實驗後的情況。事已至此，對於宣布前的投入度和幸福感高低，只好根據員工在實驗期間、實驗後呈報的內容，依經驗做出推測。

這項疏忽反映出週休三日的概念起源，如同《經濟學人》雜誌那篇文章所述，我直覺認為員工並不是一直都很有生產力，而我也決定檢驗該項假設。起初，研究是事後才加上去的，但我們很快就明白，這項研究必須成為週休三日計畫的核心。

為了確保能採用可靠的方法來研究員工的投入度，以及員工壓力與幸福感產生的影響（若有的話），我們邀請兩位學術界研究人員來協助實驗：奧克蘭大學商學院的海倫・德蘭尼博士（Helen Delaney），針對員工從該場實驗中獲得的經驗進行質化研究；奧克蘭理工大學（Auckland University of Technology）副教授賈拉德・哈爾（Jarrod Haar）以量化為基礎，研究同一群員工。

量化法是用來解釋現象，藉由蒐集數值資料再加以分析。這樣就能把不同的員工投入度變化以數字呈現，然後再用圖表做比較。

我們使用質化研究來理解員工如何及為何做出反應，從而取得更深入的行為動機。利用量化法與質化研究，就能全面了解該場實驗對公司產生的影響。最初安排該場實驗進行六週，但開始不久，我們與研究人員一致同意延長到八週，以便從資料中獲取更多有用的資訊，因此該場實驗從二〇一八年三月進行到四月。

哈爾在研究報告中表示：

這種實驗有個問題，那就是每個人想到週休三日的前景就都十分滿意且受到鼓舞，所有分數也會跟著上升，因此難以判定有哪些正向影響，於是我採納兩種類型來驗證資料的可信度。理論上，這兩種變數不可能在實驗期間改變。

哈爾選擇的是以下兩種類型：

1. 主動性人格：反映出哪些個人因素會成為動機，而非環境中的變化會造成哪些影響。
2. 工作複雜度：純粹反映出員工工作的複雜度。

在主動性人格獲得高分，表示人格特質為主動；在工作複雜度獲得高分，表示職務比較複雜。這些研究結果讓人相信，受試者的回答都發自內心，沒有偏見。基本上，哈爾是把這兩種類型當成控制變數，不會因實驗結果而變動，所以如果兩種變數保持穩定不變，而其他因素產生變動，那就能證明變動是因實驗而發生，而非如他指出的所有分數都上升。

哈爾的工作是負責詳述一組相關概念，提出假設，最後針對發現的結果提出報告，還有一點很重要，該場實驗的量化結果放在紐西蘭其他採用相同概念的實驗數據下，還是能顛撲不破。他身為人資管理與組織行為學的國家主要研究人員，可以參考二〇一七年和二〇一八年期間六千多位員工的資料，而且他還很有把握，研究結果會提供其他對照組有用資訊。簡單來說，從他的分析結果，我們可得知該場實驗是否導致員工的工作與生活發生顯著變化。

哈爾的資料中，員工部分的數據是跟全體員工的經驗有關，而且是在實驗前一週及實驗結束後一週，經由問卷調查蒐集得來。此外，還要求主管對領導的團隊進行評分。

就量化研究標準而言，永恆守護者公司的兩百四十位受訪者算是很少的數字，但蒐集資料時，使用多項調查技巧來檢測回答的差異性，採用統計方式來檢測實驗前後的變化，所以能從規模相當小的樣本中蒐集到有用的資訊。

哈爾著手選出一系列最恰當的變數（或指標）用於研究中，藉此判定員工對週休三日帶來的變化會產生哪些反應。

量化研究的結果

員工感受到的支持度

選用以下兩種指標：

1. **感受到組織的支持度（Perceived Organisational Support, POS）**：即員工認為所屬組織有多關心員工的幸福感。獲得高分就表示感受到很高的支持度。有大量資料可證明，該指標會對員工的工作成果（滿足感、盡職度、績效、留任意願）造成重大影響。
2. **心理社會安全氛圍（Psychosocial Safety Climate, PSC）**：即勞工感受到所屬組織有多關心員工的心理健康與心理安全感，其與幸福感和工作投入度有關。

如哈爾的研究報告所述，研究結果證實，這兩種感受在實驗期間有成長。這類成長在統計數據上雖顯著，幅度卻不大；然而，這情況也許反映出員工的感受在收到實驗通知時，已經開始受影響（成長）。

請注意，在這些圖表中，紐西蘭平均數值實驗前是最低的，週休三日實驗後的數值則是最高的（見圖5-1）。

哈爾指出，相較於其他的紐西蘭數據（尤其是「感受到的組織支持度」），一般範圍約略介於三・三至三・六分，由此看來，我們的起點三・七八分算是很高。

實驗後獲得較高的三・九一分，表示員工的感受非常正面。此外，還證明了「心理社會安全氛圍」在實驗前獲得相當高的分數（在此是跟國際比較），實驗後的分數成長也十分顯著。該項研究做出的結論如下：員工確實認為

圖 5-1　紐西蘭實驗週休三日前後，員工感受到的支持度

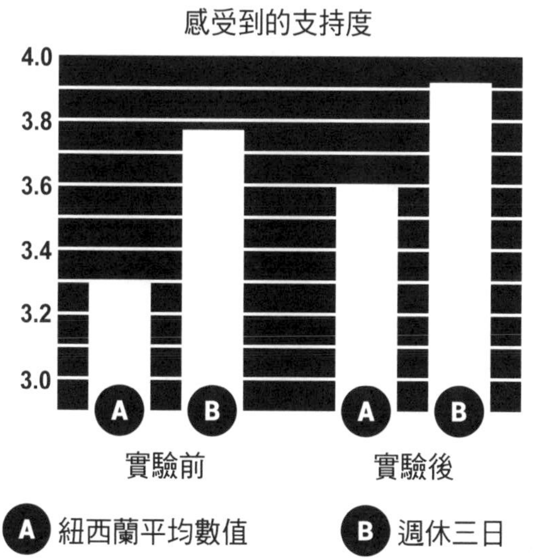

永恆守護者公司關心員工的幸福感、心理健康、心理安全。

員工對團隊合作的感受度

選用以下兩種指標：

1. **團隊心理資本**（**Team Psychological Capital, TeamPC**）**：**即團隊在抱持希望、信心、韌性、樂觀方面所具備的強度，獲得高分就表示員工強烈感受到團隊內具備前述項目。
2. **團隊凝聚力**（**Team Cohesion, TeamCoh**）**：**即員工感受到所屬團隊的共同運作

圖 5-2　紐西蘭實驗週休三日前後，員工對團隊合作的感受度

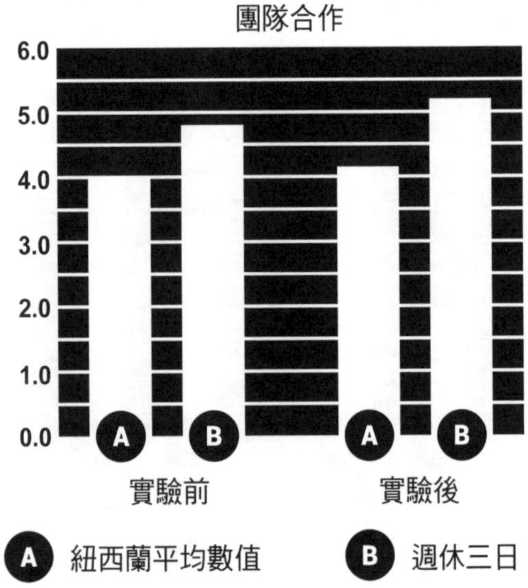

程度，也就是團隊有多和睦相處，是否具有凝聚力。這跟績效和工作成果（即盡職度、工作滿足感等）很有關係。

哈爾指出，研究結果清楚證明了前述感受在實驗期間有成長。相較於其他的紐西蘭數據，一般範圍約介於四．〇分至四．一分，由此看來，四．八七分與四．四九分的起點算是很高（見圖 5-2）。根據研究報告，實驗後獲得五．一九分，表示員工感受到「出色」的心理優勢，而在凝聚力方面也有相同感受。總而言之，據員工所述，團隊在實驗期間有成長並增強，且因為實驗展現出更大的優勢。

員工對變革的就緒度

根據企業改善文獻，只要員工明確準備好（著眼於）迎接變革，那麼變革（例如該場實驗）的成功機率就比較高。之所以要以團隊進行分析，有兩項理由：1. 大家覺得最好檢討團隊績效，而不是只檢討員工個人的績效（這樣會比較可信）；2.由於該場實驗實際上主要著眼於團隊，因此以團隊進行分析比較合適。

哈爾發現研究結果清楚證明，前述感受在實驗期間有成長。他再次比較其他的紐西蘭數據，結果發現一般範圍約是三・五分（假如是潛在的正面改變），所以起點是四・二六分，表示一開始大家就很接納該場實驗，就緒度就很高。實驗後獲得四・四六分，表示迎接變革的就緒度有顯著成長，也願意接受公司改成施行週休三日計畫（見圖5-3）。總而言之，據員工所述，所屬團隊已

圖 5-3　紐西蘭實驗週休三日前後，員工對變革的就緒度

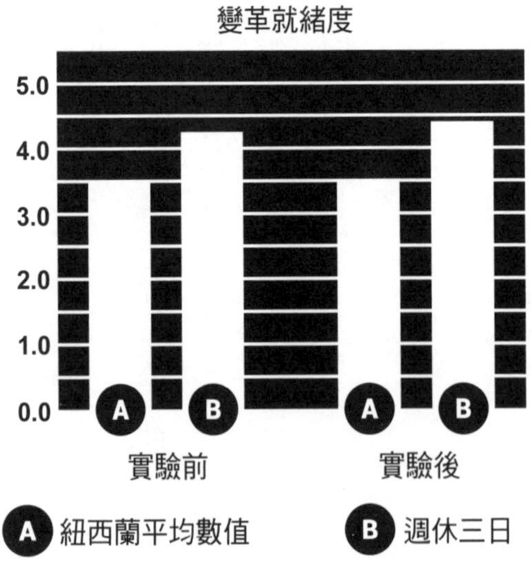

準備好接受實驗，且後來專注力和就緒度甚至變得更高，已準備好接納變革。

本書會詳述公司必須準備好迎接變革，先做好準備才能實踐週休三日。公司文化若對此制度不抱持開放態度，領導者應該先考慮落實其他較小且由員工發起的變革，然後再進行實驗。如果有利進行實驗的其他條件都已就緒，那麼在「預先作業」期間採行較小的措施，有利公司文化適應變革，從而讓整個組織更容易全面重新安排工作時間與生產力。

員工受工作影響的程度

選用以下兩種指標：

1. **工作和生活的平衡度（Work-Life Balance, WLBal）：**即員工感受到自己在扮演工作和非工作角色時的平衡性，獲得高分表示平衡度較強，有大量資料顯示，該指標會對員工的工作成果（即工作滿足感、組織承諾）及幸福感（即焦慮感與憂鬱感）造成重大影響。

2. **工作要求度**（**Work Demands, WkDemands**）**：**即勞工感受到的工作量與過勞狀態，跟表現不佳密切相關，例如低落的工作滿足感與績效、低落的幸福感（即內在壓力較高）。

哈爾指出，研究結果證明員工感受到的工作和生活平衡度在實驗期間有成長。工作要求度在實驗後大幅降低，他認為這代表員工受到鼓勵，用三十小時做完了三十七・五小時的工作量，員工在心理上享有自由感，能用四天的工作時間專心工作。

該場實驗在工作和生活的平衡度明顯增

圖 5-4　紐西蘭實驗週休三日前後，員工工作和生活的平衡度

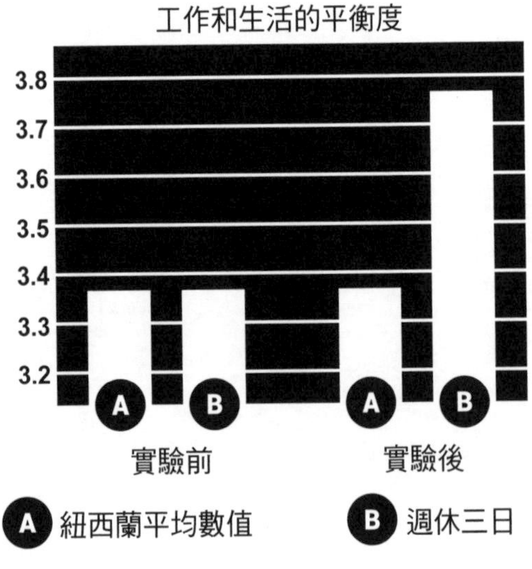

加。哈爾表示，一開始獲得三．三六分「相當常見」（約是一般範圍），但實驗後獲得三．七六分，表示員工的感受很正面，覺得工作和生活的平衡產生明確變化（見圖 5-4）。

工作要求度的分數在實驗後降到二．八分，表示這個程度在其他紐西蘭員工較常見（見圖 5-5）。總而言之，據員工所述，工作和生活的平衡度有改善，工作要求度減少，表示該場實驗對這些工作因素產生正向影響。

在該項研究的所有結果中，這個結果最令人訝異，因為這表示在週休三日實施後，員工更有能力處理工作量，使得工作要求方面產生正向的改變。

圖 5-5　紐西蘭實驗週休三日前後，員工感受到的工作要求度

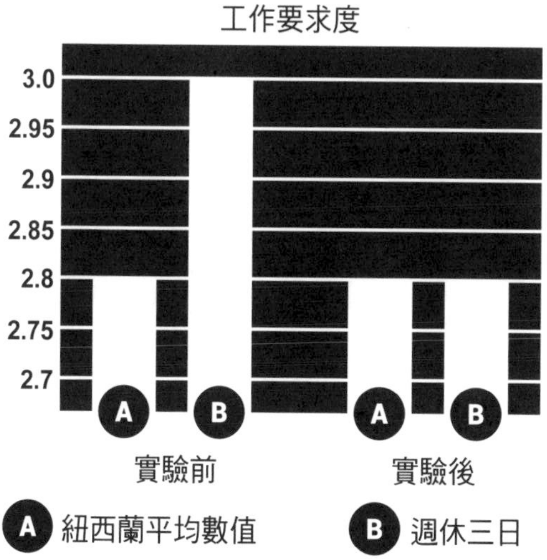

員工的團隊績效

選用以下兩種指標：

1. **團隊公民行為（Team Citizenship Behaviours, TCBehav）**：即員工感受到所屬團隊對有益的工作行為有多投入，通常並未涵蓋非必要的工作內容與職務。
2. **團隊創造力行為（Team Creativity Behaviours, TCreative）**：即勞工感受到所屬團隊在創新與創意方面的程度。

圖 5-6　紐西蘭實驗週休三日前後的團隊績效

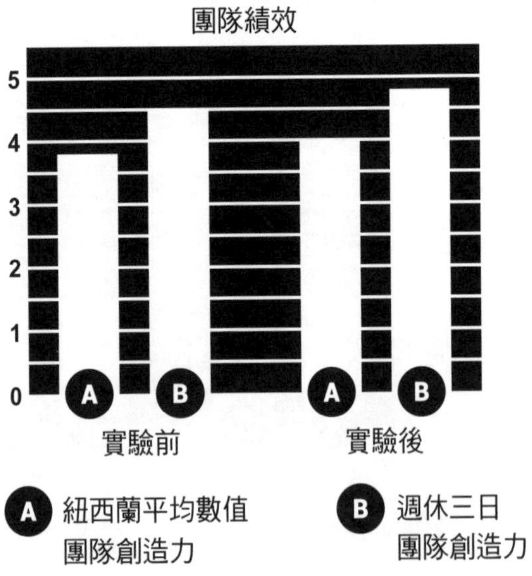

一開始獲得四．六分與四．四分算是相當高分（通常平均是三．八分至四．〇分），也可能代表員工與所屬團隊預期將進行實驗，已做好準備（見圖5-6）。雖說如此，實驗後的分數呈現出團隊創造力與有益行為呈正向成長，如同我們的預期。

總而言之，據員工所述，團隊績效有改善，表示該場實驗對團隊層次的工作績效產生正向影響。

員工的工作態度

選擇了以下三種指標：

1. **工作滿足感（Job Satisfaction, JobSat）**：即員工對工作滿足感的態度。
2. **工作投入度（Work Engagement, Engagement）**：即員工心理投入度，也就是對工作的掌握度與適應性。
3. **員工留任意願（Employee Retention, Retention）**：即員工對留在組織內的態度。

前述工作態度一開始獲得很高分，工作滿足感是三・八六分，工作投入度是三・九七分，留任意願是三・九四分（見圖5-7）。哈爾再次推測，這可能代表二〇一八年一月向員工宣布即將進行實驗後，這類感受已開始受影響（成長）。雖說如此，這類感受在實驗後全面大幅成長，分數都很高（在哈爾的紐西蘭數據中，輕鬆躍上最高分）。由於公司宣布實驗後，員工反應很正面，因此發生這種情況自然不意外，但員工竟都表示自己的工作態度有顯著的正面提升。

圖 5-7　紐西蘭實驗週休三日前後，員工的工作態度

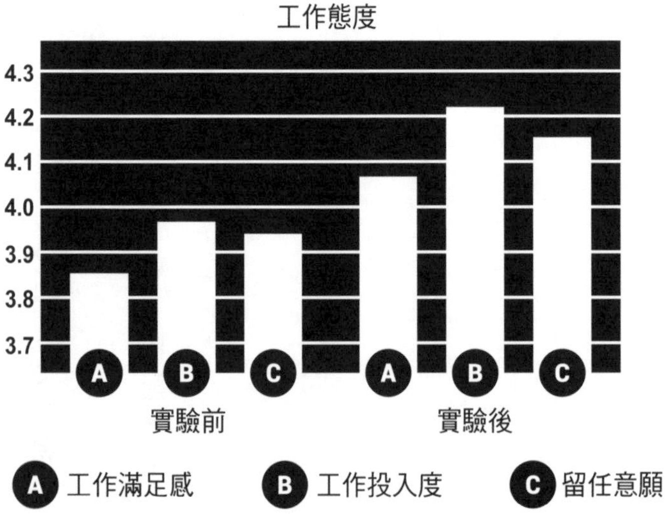

員工的幸福感

選擇了以下五種指標，分數全以百分比表示。各例中，除工作壓力，越高分越好：

1. **生活滿足感（Life Satisfaction, LifeSat）**：即員工對生活滿足感的整體感受。
2. **健康滿足感（Health Satisfaction, HealthSat）**：即員工對個人健康滿足感的整體感受。
3. **休閒滿足感（Leisure Satisfaction, LeisureSat）**：即員工對休閒時間的整體滿足感。
4. **社區滿足感（Community Satisfaction, CommunitySat）**：即員工對自身參與當地社區的程度的整體滿足感。
5. **工作壓力度（Job Stress, Stress）**：即員工對工作壓力程度的評量。

這些幸福感的成果一開始在生活滿足感方面獲高分（比紐西蘭平均數值七〇%略高）。其他方面一開始的分數介於六〇%至七〇%，比我們預期的紐西蘭數據略低。工作壓力度的分數類似紐西蘭平均數值（約四五%）。實驗後的分數呈現出所有幸福感分數都穩定增加，而工作壓力度的分數降低（見圖5-8）。哈爾對休閒滿足感的顯著成長做出評論，這樣的成長頗有意思，畢竟有些員工表示在掌握及充分利用額外休閒時間碰到一些困難。總而言之，據員工所述，幸福感有改善，這就表示該場實驗帶來正向影響。

主管對員工工作績效的評價

工作績效的檢驗是運用「角色內績效」，基本上就是主管對員工或團隊的工作評價，獲得高分表示績效很高或變高。若有多項工作同時進行，就很適合用這項指標；若有兩

圖 5-8　紐西蘭實驗週休三日前後，員工的幸福感

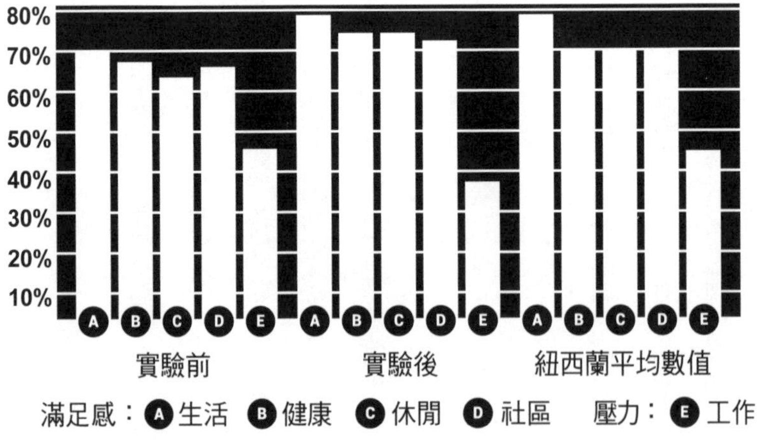

個團隊從事不同類型的工作，也很適合用這項指標進行比較。

實驗前是預期主管在週休三日實驗期間不會看到工作績效上升。這個預期乍看之下似乎有違常理，畢竟員工實際上是用較少的天數完成相同的工作量。如果員工能維持相同的分數（即分數沒降低），那就算有進步了。理論上，績效有機會提高，畢竟勞工更努力工作了。然而，有鑑於工作時間少了二〇％，原本的預期是績效不會成長。

測試前的分數是四．九一分，測試後的分數是四．九三分，因此哈爾認為研究結果證明工作績效沒變化（見圖5-9）。也就是主管認為

圖 5-9　紐西蘭實驗週休三日前後，員工的工作績效

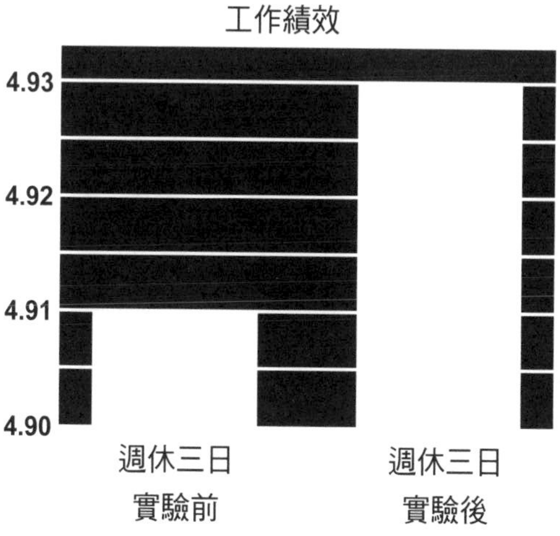

團隊實驗前後的工作都達到相同標準，還證明員工在週休三日實驗期間有效又成功地做完工作。

基本上，從資料數據可知，員工認為公司由衷關心員工的健康與幸福感，團隊合作、變革就緒度、團隊績效皆大幅改善。工作和生活的平衡度及投入度也大幅改善，但工作績效並未顯著降低。絕大多數員工表示，該場實驗帶來變革，週休三日更能讓他們把工作做好。

質化研究的結果

海倫．德蘭尼博士提出的研究法，用意是概述工時的減少會對職場行為、關係、工作環境造成哪些影響（即益處與挑戰），並著眼於該實驗對個人生活產生哪些影響。她還摘述關鍵員工就減少工時的安排之實踐機率高低提出意見。

該項研究設計涵蓋八個焦點團體，永恆守護者公司的員工與經理共四十多位，研究期間是二〇一八年五月四日至十八日。焦點團體的訪談時間長度為六十至九十分鐘，受訪者要提出自身的經驗和所屬團隊的經驗。此外，還要分別跟公司的四位資深領導者進行半結構式訪談*，各訪談為時約三十分鐘。**

工時減少對職場互動產生的影響

動力、協同合作、生產力提升

大致上，員工（包含經理）都表示該場實驗讓自己的職場表現、關係、環境有所改善（附錄表1列出改善的地方，並有引言可證明）。

焦點團體與訪談有一些主題反覆出現：

* 研究者事先擬定幾個題目，在訪談中又延伸其他問題，並就此訪問受訪者。

** 焦點團體與訪談全由德蘭尼博士進行，並遵照奧克蘭大學人類研究倫理審查委員會（Human Research Ethics Committee）的匿名與保密規範。

- 實驗前進行的規劃討論會開始刺激員工的**智識投入度**，因為員工必須以不同角度看待個人與團隊的工作。這類討論對許多團隊很新奇，很多員工表示在工作上更能發聲、更有自主權。
- 在該場實驗的規劃階段，很多員工設計並落實了創新措施，工作起來**更有生產力**、**更有效率**。這類實用的小措施有：流程自動化、改變開會行為（時間更短、更專心、必要時才開會）、共用電子郵件收件匣、電話轉接系統、使用新的智慧型手機應用程式、安裝即時通訊功能以利團隊溝通、線上聯絡客戶（不親自會面，改成打電話，可節省交通時間）。
- 員工除了改變工作方式，還結合用餐時間和工作任務，優先處理、規劃、專注於工作任務，減少或去除工作以外的網路用量。也就是專注當下的程度增加了，亦即對工作全力以赴。工時減少表示員工能維持較集中的工作模式，返回工作時更有動力。
- 據員工所述，跟實驗直接相關的**協同合作與團隊合作**程度增加，且彼此都感受到願意互相幫忙。採用全新溝通措施後，員工投入度隨之增加。許多團隊（包含經理）的資訊共享和工作分配情況也隨之增加。部分經理表示，他們覺得更珍惜、更信任團隊成員的能力。該場實驗讓經理與員工接納以下概念：讓勞工在工作地點、方法、時間上，享有一定程度的決定權。

- 部分員工描述**提升技能及交叉訓練帶來的好處**（例如覺得工作帶來更大的挑戰與刺激），此外還能更深入認識組織的其他功能，而失去關鍵人物（例如握有公司重要知識或資訊的人員）對組織造成的風險降低。這種降低風險的觀念是員工提出的，他們認為實驗後，組織面對突發事件（例如缺少某位關鍵人物或發生極端天氣事件），整體上更有適應力。
- 所有焦點團體有個令人矚目的主題，就是員工站在企業角度，**共同努力達成實驗的目的**，確切來說就是長久施行週休三日。也就是，大家形成深刻且普遍的共識：唯有員工達到並超過雙方議定的生產力指標，才可能減少工時。因此實驗時，動力增加了。
- 很多員工把減少工時看成贈禮與特權，沒當成權利。結果，員工對組織懷有深切的善意與互惠感受，從開放的態度就得以見之，員工都願意再多努力一點、多做些什麼當回報。很多員工都表示，放假時願意騰出時間工作。

工作上的挑戰與挫折

雖然絕大多數質化資料詳述實驗的益處，但有受試者還是因週休三日，面臨挑戰和挫折感（附錄表2列出這些疑慮，並有引言為證）。

在此列出一些共同問題：有些人表示，在較短時間內完成工作任務，**會感受到內在與外在壓力增加**。而基於時間、宣傳活動、報告規定、員工減少等因素，工作量較大的個人或團隊，格外會感受到壓力增加。

結果，某些團隊或部門無法全部（或部分）參與實驗。有些人發現自己是在壓縮工時（例如，上四天班但每天工作十小時），而非預期的減少工時。各層級的經理覺得特別難以減少自己的工時，有位受試者說：「工作就是沒完沒了。」有些受試者提出質疑，這個難題是否為了分配更多工作及改變人員的習慣和想法。

後文會提到我的觀察，針對如何管理面對週休三日的態度這個難題。很多人都心生疑慮，認為在減少工時的模式下，工作會處理不完。我的因應之道是要求資深領導者跟其他員工一樣，接受並使用週五的休假，這樣資深領導者就能以身作則，證明公司十分重視，並希望新政策能成功。然而，儘管有這項要求，經理階層在做法上還是有重大歧異，有些經理會在「休假日」待在家裡工作，不讓團隊發現；有些經理會盡量休一天假，但不是每週都休；還有一些經理會採取壓縮工時的模式。

結果，隨著週休三日實驗的進行，經理階層發現，就算用一天的休假時間做一點準備工作，並享有一些思考時間帶來工作上的好處，自己也還是擁有一天休假。

下一章會解釋領導者如何在生產力導向、減少工時的模式下，邁向成功；挫折感多半是因為要在較短的時間內完成工作，從而感受到工作量問題與外在壓力的增加，資深高階主管可出手干預，確保團隊享有充分資源，好讓選擇彈性模式的人覺得這模式可行。同樣地，在提升技能與創新方面，可以當成領導者的改善機會，藉此減輕業務風險，並請員工在需要解決問題與創意思維方面提出解決辦法。

工時減少對生活的影響

改善生活品質

資料明確顯示，有好幾種方式可增加工作以外的私人時間，使員工的生活品質進而獲得改善。根據個人可在額外時間做的事，將資料劃分成五大主題（附錄表3提供了各主題的證據）。

有個主題貫穿所有焦點團體，就是個人有**更多時間完成私事**，以前常要把私事「塞進」五天的工作行程、「延期」或「匆忙處理」。

另一個重要主題就是有**更多時間參與家庭生活**。例如，有工作的家長、祖輩可以更積極參與孩子的生活，一起用餐，參加托兒所或學校的活動，跟小孩、另一半、更多親友聊天並建立感情。

很多員工（包含經理）都表示，他們樂於有**更多時間重新修補關係及重新連絡感情**。很多人都表示，現代生活步調快速，有各種需求要滿足，還能有自己的時間，簡直是種享受。

有一些員工補充說有**更多時間學習並從事公益**，例如，正式與非正式的研究及專業發展，還有人把額外時間用來當志工及從事社區工作。

有些員工有意利用**額外時間進行探索及思考**。例如，找出通常沒時間投入的全新旅遊、休閒或消費活動。

對多出的時間感到無所適從

少數人表示，對額外時間帶來的影響覺得麻煩或產生疑慮。有三位受試者強調，額外時間會打亂常規與引起安全方面的問題，一開始覺得不自在。某位經理說：「多出來的時間要做什麼？」有人談到同事時說：「她覺得有點無聊，寧願來上班，還能看到同事。」另一位員工細述某位同事想不到放假要做什麼，還說他最後學會「花一些時間跟自己相處，而了解自己該怎麼做，是相當重要的環節」。

實驗的結果之一就是出現發人深省、甚至令人心灰意冷的情況，也就是人們調整額外休假時間時，會碰到困難。這點後文會再討論，但簡而言之，這種情況呈現出二十一世紀勞工的嚴重問題，就算例行的活動沒有生產力或有害個人健康與幸福感，但勞工已習慣，且往往依賴例行活動帶來的安排生活。

成效如何，讓數據說話

- 在量化研究中，一開始量測到的團隊心理資本與凝聚力從實驗前的四．八七分與四．四九分（已經高過其他紐西蘭數據）上升到實驗後的五．一九分。據員工所述，團隊在實驗期間有成長並增強，且因為實驗展現出更大的優勢。
- 大家十分接納該場實驗，就緒度很高，實驗後獲得四．四六分（相較於一開始的四．二六分），表示迎接變革的就緒度及接納週休三日的意願上，都有顯著成長。
- 量化研究結果證明，員工感受到的工作和生活平衡度在實驗期間有成長。工作要求度在實驗後大幅降低，而在心理上，這點可讓員工自由在四天的工作時間專注工作。一開始獲得三．三六分約是一般範圍，但實驗後獲得三．七六分，表示員工的感受很正面，覺得工作和生活間的平衡產生明顯變化。

- 至於團隊對有益的工作行為投入程度，一開始獲得四．六分，創新與創造力獲得四．四分，這兩個分數在實驗期間都有所增加，表示實驗對團隊層次的工作績效產生正向影響。
- 工作投入度分數上升了三〇％至四〇％之間，是研究人員在紐西蘭見過的最高水準。
- 實驗後的分數呈現出所有幸福感分數都穩定增加，而工作壓力度的分數降低。
- 該場實驗前，預期主管在週休三日實驗期間不會看到工作績效上升，畢竟員工實際上是用較少的天數完成相同的工作量。如果員工能維持相同的分數（即分數沒降低），那就算有進步了。結果證明工作績效沒變化，員工在週休三日實驗期間能有效又成功地做完工作。
- 質化分析的結果如下：員工在智識上更投入工作；設法提高工作的生產力與效率；協同合作與團隊合作程度增加；為了幫同事代班而提升技能及交叉訓練時，工作會帶來更大的挑戰與刺激；共同努力達成實驗的目的。很多員工對組織懷有的善意與互惠感受有所提升，並表明願意在放假時騰出時間工作。
- 有些員工認為實驗讓組織面對突發事件（例如缺少某位關鍵人物或發生極端天氣事件），整體上更有適應力。

- 有些員工表示，在較短的時間內完成工作，會感受到內在與外在壓力增加。各層級的經理覺得特別難減少自己的工時，而有些受試者提出質疑，這個難題是否為了必須分配更多工作及改變人員的習慣和想法。絕大多數員工表示，他們在週休三日下更能把工作處理好。
- 一項主題貫穿了職場外的領域，就是個人有更多時間完成私事、參與家庭生活、重新修補關係及重新連絡感情、學習並從事公益、進行探索及思考。

改革有助提升企業獲利能力

有能力的董事都十分清楚，一般來說，最重要的績效指標是公司的生產力與獲利。但在我看來，週休三日的前景肯定不止如此，員工投入度、工作滿足感、幸福感這三大指標是確立將來工作型態的關鍵，而我們必須證明公司獲利會在生產力導向、減少工時的模式下有所改善。

永恆守護者公司的情況就是如此。在公司成立及後來的幾年，我都是唯一的股東，但到了二〇一八年，我們實驗及落實週休三日時，加入了另一位股東。假如我們無法證明週休三日可讓企業提高效率與利潤，這主張就不可行。結果發現，藉由幾乎全體員工擺脫浪費時間的習慣，因此抵銷了小型分公司為滿足顧客需求而支出的額外開銷，省下不少錢。

對於我們這種服務型企業來說，「時間就是金錢」，而且完全以生產力為優先，再加上摒棄有損個人生產力的行為，例如冗長的會議、職場上的干擾、不必要的流程等，直接導致獲利上升。

實驗期間，我們的整體獲利上升，此後公司營收與獲利分別增加六％與一二．五％。這些改善證明實踐週休三日高生產力政策，不會對企業績效產生負面影響，更證明了生產力能有所成長。雖然營收（我們公司多半是跟市場、人口等外部因素有關）增加不多，但是每位員工的獲利（即整體生產力的基本指標）增加了一四．五％。

公司還享有另一項好處，品牌認知度有重大改善。根據研究結果，我們的品牌知名度增加三〇%以上，公司品牌與品牌信賴度分別提升四八%與三七%。跟國內市場競爭對手相比，我們的媒體聲量平均超過八〇%。

這不是我的片面之詞。二〇一九年，有項研究以兩百五十家採行週休三日的英國企業為對象，計算出受試公司每年共同節省的金額約九百二十億英鎊（約新台幣三兆四千零四十億元）。[1]根據雷丁大學亨利商學院（Henley Business School at the University of Reading）發表的白皮書，「縮短一週工時（以一整天計算），可提高員工生產力並促進其身心健康，藉此增加企業獲利」，還具有其他益處。

不用鑽研公司的損益報告，就能看出獲利的成長來自何處。如果員工更有生產力（有三分之二的企業已證實這點），而且更健康（六二%的公司員工病假天數減少），獲利就會上升。簡單來說，員工完成更多有益的工作，減少浪費時間及曠職的情況，公司付出的成本也隨之降低。此外，公司也能投資必要資產以利營收成長，六三%的雇主表示，週休三日有利吸引人才、留住人才。

亨利商學院的報告明確指出，該模式是企業的成功要素：「週休三日的趨勢沒有減緩跡象，超過三分之一（三四％）的受訪企業主，以及近半數（四六％）的大企業領導者都表示，轉換到週休三日會是企業將來的成功關鍵，所以未來幾年我們想看到更多實驗與實踐。」[2]

由倫敦市場研究機構 The Mix 主導、管理顧問公司 Strategy of Mind 撰寫的研究報告中，詳述了 The Mix 施行週休三日的經驗。從二〇一七年十月至二〇一八年十月，The Mix 更改一週工時制度，要求員工週一至週四依標準工時上班，週五休假，而且薪水不減。（The Mix 採用的模式有別於永恆守護者公司，客戶通常期待服務公司一週上班五天，但 The Mix 不想為了客戶而維持週休二日）。

週休三日實施一年後，The Mix 的營收上升五七％，客戶數量增加一倍，透過推薦而來的新客戶提高五〇％。雖然生產力未增加（該機構是依整體獲利測量），但每週的全天工時大幅減少，生產力也並未降低。員工曠職與病假天數減少七五％。

一切照常的話，我預期這樣的營收、客戶業務、員工出勤率，最終可提升獲利能力，尤其是如果公司能讓員工更專注從事有生產力與可計薪的事，獲利就更能提升。報告指出：「全體勞工的計薪工時減少了，週休三日成為新『常態』，這是極具說服力的案例。」[3]

失敗也是成功的過程

實驗成果超乎預期，利潤十分可觀。該場實驗寶貴之處，在於讓員工擁有自主力，還提供指標判定各職務與團隊的產出，並提出有效的量化證據及員工坦率的反饋意見，用這些資料支持長期實施生產力導向、減少每週工時的制度，並呈報給董事會。

從所有數據看來，實驗效果出色，但稱不上大獲成功。我們從該場實驗學到，除非能接受失敗的可能性，否則就無法把週休三日講成全新工作概念。若說大部分的公司創辦人與老闆有什麼共通點，那就是對任何失敗都深懷恐懼。一般來說，大部分執行長不太會求新求變，但求不出錯就好，特別是面臨重大的決定。

這種恐懼或許是週休三日最大的阻礙，但同時也是有利的條件。企業主若認真想實施彈性政策來改變工作方式，就必須先認同失敗是一種選擇，甚至是能推動進展的一種工具。

以我們的實驗為例，在公司宣布消息後，團隊花了一個月籌畫，如何在成員每週多休一天假的情況下，還要達到相同產出。有可能阻礙成功的因素都在實驗前與實驗期間解決了，多半是團隊內部問題，少數是管理階層問題。

我之所以認為該場實驗堪稱成功，是因為其中有個極具啟發性的失敗。失敗的案例是發生在併購時加入的一個十二人團隊，該團隊始終無法充分融入公司，其辦公地點獨立一處，由仍在商界具有舉足輕重地位的創辦人帶領。有一位總經理被指派去取代創辦人，並讓該團隊充分融入集團，但時機過早，員工對總經理的表現逐漸產生猜疑。

為什麼週休三日在這個團隊會以失敗告終？該團隊的成員發現，他們達不到顧客期待的服務標準，因為半數的人週五休假，另外半數週一休假，無法維持生產力，再加上其他工作天的工作方式沒有改變，因此無法填補成員休假後的工作。簡單來說，跟我對週休三日的期望恰好相反。

反之，其餘在公司創辦時就已融入公司文化的員工，立刻能理解週休三日的重點並不在享有三天的週末，而是必須發揮創意，找出兼顧生產力與休假的折衷之道。經理會確定大家都知道週休三日並非「你週五休假，那我週一休假」，而是維持顧客服務水準才最重要。如果團隊擬定的計畫會導致顧客因週休三日而有不好的體驗，團隊就必須修改計畫。

失敗的團隊尚未接納這種精神，所以成員只想著要有「三天週末」，且沒人導正這個想法。根據我們的分析，那次失敗純粹是缺乏事先規劃，無法團隊合作使然，所以才導致不懂該怎麼把重心放在生產力與顧客滿足感。其他員工都很清楚，便宜行事向來不可取，那次的失敗令人印象深刻，我認為可歸因於文化與領導力。

這證明主管與員工雙方都要擔負同等責任、履行週休三日的義務。如果團隊績效不佳，而主管放任生產力低落的情況，對於未履行承諾的團隊並沒有取消週休三日的特別待遇，那麼其他團隊看見了，也會背棄先前議定好的績效條件，週休三日政策的良善立意就此消失。

新政策原本大有可為，卻因缺乏堅定的領導力，一路跌跌撞撞，這種事屢見不鮮。例如高層沒有盡心投入，或者臨時改變行動方針、打退堂鼓；中階與資深主管並未充分理解政策，認為沒有明確的誘因，因此不想向團隊提倡。彈性政策要達到高成效，唯有不斷努力並克服障礙才行，否則就很容易再陷入舊有的習慣。

管理階層一投入，員工必須意識到該政策有如「贈禮」，並遵守政策的條款與規則，盡好本分。依照彈性政策建構出的公司文化，必須做到以下事項：大家都有共識，有義務指正想便宜行事的同事；時常檢討工作方法，免得落入先前缺乏生產力的惡習。

開始進行彈性政策或實驗前，全公司都應該理解，達不到生產力目標，就會撤回週休三日，恢復週休二日，因此無論導致失敗的原因是什麼，管理階層與員工將會再度共同迎向挑戰，以期盡快達成目標，重新實施週休三日。一直失敗也許代表設立的目標不切實際，或管理階層不夠盡職。

有了失敗的教訓和加倍的努力，成功的機率就會大增。還有一點很重要，彈性政策失敗並不表示政策毫無進展，反而表示該政策可行，各方都認真看待，具有正面意義。失敗後重新開始，代表該政策再度獲得肯定，同時也更健全、更具實質效用。

第6章

勞資建立共識，才能達到雙贏

打好根基做好事前準備

商場如人生，有時不得不大膽放手一搏。就其核心，週休三日是企業主、領導者、員工之間的契約。為了讓組織實施週休三日而預做準備，有助各方履行契約，並讓新的工作方式發揮最大功效，讓週休三日成為公司可行的長期方案。

首先要建立信任

週休三日的過程是由員工引領，當中的妙方是信任。多年前，我在澳洲花旗銀行擔任主管時，發現有個好方法可以讓人充分發揮才能，就是對等地看待對方。這點之所以重要，是因為好概念無法單靠個人完成，團隊往往比領導者更熟知業務的複雜之處，對流程的掌握就更不用說了。另外，我在皇家海軍時，也學到另一條寶貴準則：你自己不願意做的事，永遠不要叫別人去做。以上全在實驗期間發揮作用。

適合實驗的環境並非一蹴可幾。我擁有那兩家公司（日後成為永恆守護者公司）以前，內部人員經歷了長久又激烈的變革，多少會沒有安全感。進行實驗前的四年期間，我們透過分公司革新方案等活動，逐步改變公司文化，雖然人資方面施行了一些變革，卻也實質展現出在業務上投注的心力，不是只埋首改組。大家會明白，改革能造就出不錯的成果。

我們宣布進行實驗時，我已屢次向員工證明可以信任我、相信我說的話。員工知道我的作風並不獨裁，當我說希望員工帶頭實踐方案，請他們有相關想法就告知經理時，我是認真的，而員工會有安全感，覺得可以自由發表意見。

員工也會安心，領導團隊裡沒人會私下否定或逃避（後文會深入探討）。我堅持只要大家都全力以赴，這策略就行得通，而每個人也都據此做出承諾。

信任是優良文化的基本精神，領導者若要考慮採行週休三日，就必須坦率面對自家公司是否已做好準備。員工就改善經營的方法提出建議時，是否相信上級會給予支持？資深經理與執行長是否言出必行並營造支持的環境？要是沒有信任，員工在支持或反對的天平間，往往會向後者傾斜，該政策可能導致損失慘重的後果。

沒有企業是完美無瑕的，但週休三日的作用不是用來緩解公司文化或經營上的重大弊病，實驗失敗可能會打擊士氣。公司文化若缺少開放的溝通與信任，就連領導者的善意也可能受到曲解，員工會懷疑是另有所圖，致使工作環境惡化。同樣地，如果員工不是真誠參與實驗，沒有努力改變行為，生產力就不會提升，週休三日將以失敗告終。

主管不要想太多，交給員工挑戰

首先從週休三日的核心原則開始，確立「一〇〇－八〇－一〇〇」準則（領取一〇〇％的薪資，花費八〇％的時間，但達到一〇〇％的生產力）。員工只要達到跟主管議定的生產力目標，就可以週休三日，一天的工時和領到的薪資與往常一樣。雇主眼中的價值基準在於生產力，因此理論上，如果員工一週多休假一天還能達到議定的生產力，那麼員工和老闆都應該滿意這樣的安排。

這種做法堪稱賞罰分明。員工在契約上仍有每週工作五天的義務，至少在修法前是如此，這個癥結點後文會討論。在這種背景下，休假日有如贈禮，不會無法收回。如果沒有合理的理由，生產力低於議定的標準，贈禮被漠視，那麼公司就會恢復五天制的工作模式。

各階層的員工都需遵照生產力（或彈性）政策，最資深主管也包括在內。這就有如對整體組織傳達一個重要的訊息：採用該政策並不會有隱藏成本或負面成果，例如失去晉升機會、薪資或職權。

同樣地，若工作環境出現週休三日的提議，人人都有權拒絕該構想，提出更適合自身情況的個人彈性政策，例如工時變短的週休二日。記住，重點在生產力，在那樣的架構下，很多事情都可能實現。沒有完美的目的地，通往目的地的途徑也不是只有一條。

正如前文指出，修改公司政策，可能會改造公司文化與經營的諸多層面，此時往往容易想太多，會想窮盡一切手段找出計畫裡的阻礙，並阻止錯誤發生。這裡先提醒一句：「你會犯錯的。」不用太過擔心，無論是開始實驗，還是要落實生產力政策，肯定會發現若干經營層面，不管是個人或整個團隊，並沒有想像中運作良好，也許會在某些方面發現浪費時間、生產力低落的小狀況。但這些都不是不進行的理由，實際上恰好相反。

有兩家公司規劃週休三日的過程頗具啟發性。我很驚訝，第一家公司分析每個可能的變數，並在嘗試想出每個缺失的應對之策後，認為週五是一週中最沒生產力的日子。該公司據此事先制定好了政策，即每週三天週末，實驗期為六個月。

我對此有點驚慌，這種做法完全牴觸我們的理念與建議，畢竟我們會詢問員工怎麼制定政策與實驗。此外，根據我們的經驗，若要達到並維持客服標準，每週固定多休一天是行不通的。週休三日明顯不是設計讓員工都享有三天週末，但若是不損及生產力、獲利或顧客需求就能達到這點，倒是不在此限。我離開會議時，直覺認為他們不會繼續實施該政策。

幾週後，聽說他們沒信心說服管理階層與董事會，所以放棄了。實際上，他們是自己想一想就決定不實施週休三日。

同一天，我碰到另一家公司，建議他們把這項挑戰交給員工，而他們提出實驗日期。這家公司很清楚實驗期帶來的生產力益處多半來自行為改變，而非政策或流程的差異，至少一開始是如此。他們也明白週休三日是由勞工推動，而非由主管推動；是由下而上的過程，不是由上而下。對於負責設計及落實實驗的主管而言，簡直如釋重負。

執行長多半認為自己擅長解決問題，很多人會把升職原因歸功於此，至少有一部分是這樣。他們面對週休三日實施後的展望，會傾向於評估風險、找出問題、構思辦法，且往往講究實證，所以理論上，管理團隊會在完整計畫的支持下邁向成功。

如此一來，還有哪個環節可能出錯？事實上，如果採用這種做法，幾乎每件事情都會出錯。

執行長在所有規劃過程、環境監測與查閱研究時，忘了問員工該政策的可行之道。畢竟，執行長為什麼要問？反正他們都很擅長解決問題！然而，「一〇〇－八〇－一〇〇」模式要能有效推行，員工必須擔起該政策的責任，指出成功路上會有哪些阻礙，並找出方法突破阻礙。不能讓自以為是的資深主管凌駕員工的想法或行動。

與其進行實驗，不如落實政策

你遲早必須停止反芻思考，大膽放手一搏。如果你是擔任公司領導者的身分，應該已充分掌握公司的文化和優缺點，不過，你也許不太清楚公司內部有哪些可能性。

如果你沒邀請員工針對企業進步或改善方式提出想法，還沒詢問員工如何提高工作日的效率，還沒要員工說出自己及同事或團隊成員的責任是否公正平衡，那麼進行實驗是獲得這類資訊的絕佳方法。該實驗是一處安全空間，人人都能就公司運作方式，以及公司與人員待改進之處提出良策。這樣必然能揭露做法上的問題，妥善處理便能有利於組織，員工也不用擔心會被裁員。

在永恆守護者公司，我們構思出實驗的概念，並立刻向員工宣布要進行實驗，另有備忘錄，列出我們制定的目標：

> 公司上下實施週休三日（相對週休二日）的實驗，全體員工週五放一天有薪假，以期達到下列目標：
>
> - 以團隊及個人生產力為重點，進行自主的、投入的、員工主導的討論。

- 釐清以下事宜：是否重視工作彈性提高、有更多時間與家人相處、追求個人興趣等方面，而且重視程度不僅能提高整體員工投入度，尤其能增加生產力。

一宣布要進行實驗，員工就理解自己扮演的角色。我們期望員工提出想法、付出努力，把實驗當成是在檢驗生產力。該實驗跟工作彈性有密切關聯，也等於是有機會享有更多個人時間，但要是少了生產力，好處就沒了。

這是指公司實施週休三日或其他彈性政策前，一定要先進行實驗嗎？並非如此。我們公司在二〇一八年初實驗時，面對的狀況雖然常見，卻不是處處皆有。以後會有公司領導者比當時的我們更能掌握個人與團隊的生產力；會有公司是人數更少、只有一個據點（而我們的分公司超過十二家），與其進行實驗，不如內部商議、設計、落實彈性政策還比較容易，但仍必須謹慎行事。如前文所述，該實驗是大家可提出創新想法的一處安全空間，事先規劃太多反而會無法踏出第一步。

視時間為珍稀資源

除少數例外情況，在企業頂層，能提高公司獲利與生產力的領導者向來能獲得榮譽與高薪，而且領導者通常會不惜一切代價達成目標。

公司多半會聘請專家顧問，策畫改善項目，常見的手法是降低成本、減少員工。企業主若接納裁員的建議，就是把金錢視為珍稀資源，而為了保護金錢，就必須減少開支。這樣的好處在於，這條改善獲利之路已有許多前人走過，並獲得認可，可說是低風險的管理策略。

但這種做法未必能提高企業的整體生產力，在近期員工數量減少的情況下，剩餘的勞動力可能會很緊繃，也許短期不會立刻損及每人的生產力，畢竟哪有公司時時刻刻都達到百分之百的生產力，且員工每小時都能達到最高生產力？雖然這類降低成本或改善流程的傳統方法，能提高獲利與生產力，但這樣的提升往往是以員工的士氣為代價，長期來看並無法處理員工生產力的潛藏危機。

若要聘請顧問並進行改組，就必須付出額外的成本，公司有如疲憊者喝了雙倍義式濃縮咖啡或吃了巧克力棒，先是精神百倍，隨後又恢復先前疲累的狀態。

執行長與董事會若仍採用這種做法，就是跟週休二日一起困在上個世紀。高層投入於由上而下的企業改善方法，而跟員工進行商議（例如即將裁員時），也是基於口頭應付與法律義務。

完全相反的做法就是週休三日的生產力政策，該政策視時間為珍稀資源，要讓既有勞動力接下挑戰，以四天時間（而非五天時間）達到目前生產力。員工並不是面臨裁員的威脅，而是有機會找出自身哪些行為會妨礙生產力，然後改善，進而提高生產力、減少經營成本。公司鼓勵員工指出耗時、無法達到生產力目標、無法享有週休三日的事情。

這些小阻礙逐一來看的話，不可能會吸引管理顧問的關注，但只要找出來修正，就會產生顯著的累加效應。

就算是生產力最高的人，工作時也無法時時刻刻發揮百分之百的能力，這點連視時間為珍稀資源的工作模式也認可。生產力政策的第一個目標，是提高工作日的高生產力比例，方法是激勵員工改變行為，減少從事低生產力或迴避工作的活動，例如使用社群媒體、冗長的會議等。正如後文的討論，有證據證明，理想的大腦生產與休息比例是五十二分鐘比十七分鐘，所以即使工作日花費大量時間在個人事務上，並不會危及生產力目標。有一點極為重要，員工若把時間視為珍稀資源，就會發現自己在邁向高生產力的過程中會碰到哪些阻礙，哪些事會讓人難以達到生產力目標，並對週休三日造成負面影響。

公司內部採取集體自省的做法，就算不能完成全部，也能改善大部分的生產力事項，成功實現週休三日。同時還能制定出一體適用的生產力指標，有利於將來的營運。

在此，信任是其中一項要素。管理階層讓員工自由處理公司運作上的障礙，於是員工有了安全感，可指出哪些方法能更有效從事商業活動。在週休三日下，員工不用怕做出修正會讓任何工作變得不必要，做出修正反而有利減少工時，以八〇%的時間達到一〇〇%的生產力。

做好事前調查，提升成功度

進行週休三日的實驗前，我們先做了一個很好的決定：我們實施獨立的研究來證明該種做法有效。這表示就算一切都失敗了，我們對於自家的公司、文化與生產力還是會得到更深入的理解。還有一項因素同樣重要，我們需要從實驗中產生數據，好讓獨立董事與股東代表感到滿意，覺得生產力政策有可量化的益處。

若說我們在過程中犯了什麼錯，就是一開始只在實驗宣布前一年進行小規模的員工調查，所以職場氣氛、工作滿足感和其他指標的調查沒有那麼全面。員工投入度的資料不多，公司能參考之處也因此受限。當然，蒐集這些資料時，我還沒構思出週休三日。

事後想來，宣布實驗後才確定研究規模更加深了這個問題，公司在宣布實驗後興起的正向氣氛也多少影響了判斷基準。假如更早開始進行全面調查，在開始實驗前先確立基準，就能累積更多準確的歷史數據。還好結果並不壞，沒有事先確定研究規模，只可能低估實驗對公司士氣與員工投入度帶來的正面影響。

這裡學到一個寶貴教訓，宣布實驗前，務必先完成全面的員工調查，要明確知道必須使用哪些關鍵變數來說服管理階層、董事和其他股東。然後，這些變數可以在實驗期間與之後加以評估，須改善事項可以記錄下來並呈報。

如前一章所述，很早就決定實驗的同時執行兩種研究。外界一旦對該實驗感興趣，我們就提供研究，用以作為其他企業的參考，並鼓勵大家討論現今全球勞動力採行週休三日有哪些優點。

在我看來，就算不進行實驗，若要成功實施週休三日或其他彈性政策，獨立的研究是不可少的環節。你應該會跟我們一樣，發現社會學、企業、管理領域的學者會急於即時評估大規模生產力與投入度的實驗，對日常勞動力產生何種影響。

這概念很可能受到熱烈討論或引發爭議，多半會有主管堅決反對。不過，事實勝於雄辯，當中有疑慮的領導者也難以否認，該項研究帶來了驚人的成果，再加上生產率與實驗前的產出一致，就是最好的證明。

進行法律諮詢

實驗前，以及落實週休三日前，我們尋求了法律建議。我們在寫給員工的實驗前備忘錄做出以下解釋：

> 我們已向律師尋求建議。總而言之，進行週休三日的實驗，並沒有改變紐西蘭就業法或休假法案的就業條款與條件。請務必注意，「週休三日實驗」是一項實驗，結束後就會（如契約規定）回到標準工時。

我們提出的做法從來沒人在紐西蘭的法規框架下實行，所以我們必須確定能實施週休三日（就算是暫時），同時又能遵守法律。員工想知道自己並沒有因為參與實驗就失去休假或其他福利，這點我們也相當能理解。

我們之所以能提出週休三日，是因為把休假日當成是「贈禮」，藉此換取員工議定的產出，員工會如常獲得年假和其他權利，因為除了工時從四十小時減少到三十二小時，工作條款並沒有更改。這種做法是權宜之計，方便我們繼續進行，但無法長此以往，尤其是其他企業比照時。這是週休三日會碰到的其中一項阻礙，第九章會探討。

雖然週休三日背後的動力與日俱增，但我們構思出的這種模式在實務上還是少見，而且不同司法管轄區的勞基法截然不同，所以非常鼓勵考慮採用彈性政策的領導者，就提出的解決辦法尋求法律意見，以免發生意想不到的後果。

實際執行週休三日

高成效實驗與生產力政策的施行規則出奇簡單。打造出的環境要可以讓員工發揮最佳表現，但要明白，不是每個人都會以相同的方式回應。

「營造請勿打擾」的辦工環境

要提升生產力，就必須減少中斷的情況。這句話在許多忙碌、嘈雜、往來密切的職場都聽過，直指問題核心。第十章會再討論開放式辦公室的問題。

若想了解環境如何影響生產力，就把生產力想成是銀行帳戶：一夜好眠是一筆存款，而在陽光下快走、專業咖啡師煮的一杯咖啡、通風舒適有大量自然光的辦公室，也都是一筆筆的存款。什麼會導致帳戶逐漸枯竭、損及勞工生產力？答案是造成干擾的事物，比如電話、簡訊、電子郵件通知、突然要跟同事面對面談話。

由此可見，要在工作日達到高生產力，堪稱小奇蹟。二〇一八年，有線上問卷調查了RescueTime時間管理軟體公司眾多使用者，結果發現將近五二%使用者工作時經常受到干擾，六四%表示常見且最令人分心的干擾，就是面對面，比如同事站在辦公桌前。[1]

調查結果還指出，直接的干擾最難忽視。當同事站在你面前提出問題，拒絕回答會被認為是有敵意，很可能導致自己在職場上碰到更大的困境。電子郵件也同樣對生產力毫無助益，只是造成的分心程度沒那麼明顯，大多數的受訪者都認為，收件匣裡的信件是最能夠忽略的一種干擾。

領導力專家馬克・墨菲（Mark Murphy）針對自身創辦的LeadershipIQ公司的時間管理測驗結果進行分析。根據六千多個答覆，他發現七一%的人表示工作時經常受干擾[2]，遠高於RescueTime測定的數據，而RescueTime只調查一小群人。

經常受干擾，引發的後果超乎生產力的範疇，有可能擴及心理層面。墨菲寫道：「人要是經常受干擾，那就只有四四%的機率會覺得『今天真是很順利的一天』。反之，若能杜絕工作時的干擾，就有六七%的機率會覺得今天很順利。」[3]經常承受職場干擾的人，如果時常下班後覺得一整天都很負面或灰心，當然就會對工作不滿，「為什麼不讓我好好工作？」這種感覺甚至會擴及生活中其他層面。

反之，每天都有成就感，能在很少或完全沒有干擾的情況下，自由完成工作，就可能產生莫大的工作滿足感，友善地對待同事與客戶，相信職場環境與管理方式可讓人們付出最大的努力與生產力。

藉由實際的規則，營造有助生產力的辦公環境，並防止令人分心的情況反覆發生，其實非常容易。要讓員工在永恆守護者公司的實驗期間，充分利用一週四天的上班時間並達到生產力目標，有個非常簡單且實證有效的反干擾物件，那就是迷你旗幟。將旗幟插在員工桌上的筆筒，就表示員工正在專心工作，不想被打擾。

其他職場使用的是某種交通號誌燈，每個人的辦公桌上都有個小燈，燈號亮起就不准干擾。在某些環境，勞工會戴上頭戴式耳機，表示「請勿打擾」，而優良的抗噪裝置不僅能去除令人分心的辦公室雜音，也能讓勞工聆聽可激發創意的背景音樂，或從事工作相關的閱聽，不會打擾到別人。

RescueTime 使用者還提出了其他可防止干擾的構想，例如：

- 更改智慧型手機的通知設定。
- 使用應用程式裡的「請勿打擾」模式。
- 跟同事隔開距離（使用封閉式的辦公室或會議室，或在遠距離的空間工作，例如咖啡館或家裡的書房）。
- 排定「埋首工作」的時間。
- 向來找你的同事說在忙，等一下再談。[4]

根據墨菲的統計，要清空腦袋，投入繁重的工作（例如寫報告），需要十分鐘。因此每次受到干擾，勞工可能要花十分鐘的生產力時間，才能回到工作，重新整理思路。墨菲提出幾種簡單的解決辦法：在工作日，關閉電子郵件一段時間，訂出專心工作的時段；把手機放在拿不到的地方；使用實體的阻擋物，例如辦公室的門，或遠離平常工作的地方，這樣別人就無法輕易干擾你工作。[5]

要解決職場生產力難題，關鍵通常在於如何使用科技，要用科技來促進生產力，而非中斷。戴上頭戴式耳機或在筆筒插上旗幟，暫時不讀取電子郵件並開啟手機上的請勿打擾模式，設定休息提醒，這樣工作就能順暢進行。

利用專注的力量，把生產力放第一

如果勞工難以專注投入工作，雇主同樣容易誤以為工作彈性可以解決生產力不佳的狀況。以彈性為主題的對談多半著眼於工作和生活的平衡益處，並把生產力的改善視為生產力政策附帶的後果。也就是說，工時減少，工作和生活間更平衡，生產力因此提高。

有明顯的證據可證明前述的假設，美國全國經濟研究二〇〇九年的分析即顯示，生產力以及工作和生活的平衡有著互動共生的關係：「經營完善的公司往往可達到更高的生產力與能源效率，且在工作和生活的平衡也實踐得更好。」[6]

儘管有這些數據，董事會與資深經理還是往往會把週休三日看成是高風險的提案，害怕無法獲得預期的生產力效果，或勞動力遲早會失去熱忱，生產力會回復到常態。至於勞工，則往往擔心彈性工作只是用來減少薪資與福利的詭計。

永恆守護者公司的週休三日可消除前述的風險，其採用的方法是讓生產力成為大家全力以赴的重點，而非工作和生活的平衡。這點使我們的政策有別於先前試行過的許多政策，促使員工滿足感、公司營收等各項指標都獲得成功。公司內部也的確是把週休三日的政策稱為「每週高生產力政策」。

管理階層與員工議定核心契約，雙方同意以四個工作日達到一定程度的生產力，因此大家都理解自己在實驗期間的角色與責任，雙方都要做好準備，以獲取實質的益處。

實驗前的規劃要旨是決定個別團隊適用的生產力指標。在此得承認，實驗前，部分單位缺乏合適的生產力指標。說來諷刺，就算該實驗遭遇驚人的失敗，我們還是能因此深入理解高效率所需的互動與合適的績效基準。

我在此大膽地說，很多公司也會發生同樣情況。若是如此，實驗後最起碼可全面了解各個團隊或勞工的生產力，對時常在事業或投資方面尋求寶貴見解的董事會與股東而言，這樣的了解有利無害。如果各方在參與實驗時，都曉得保持標準生產力是必然的成果，那麼在股東面前，執行長要為該實驗提出辯護、董事會要證明實驗的正當性，也就容易許多。當專注在生產力，而產出也能維持，組織落實該政策後的經濟不會受到負面影響。

理想的工作與休息比例

對公司領導者而言，應該要以簡單易懂的用語把這些界限傳達給員工。員工要更改工作環境或在正規工作時間休假，必須先取得許可，但勞工可利用大量資料提出充分理由，比如，Draugiem Group 社交網路公司進行的研究，就使用 DeskTime 追蹤生產力時間的應用程式，檢視生產力最高的使用者的習慣。

加拿大自由撰稿人麗莎・伊凡斯（Lisa Evans）在《Fast Company》雜誌指出：「他們發現生產力前一〇%的員工工作時間沒比其他人長，實際上甚至一天的上班時間沒滿八小時。他們實際做的就是定時休息，具體來說，工作五十二分鐘就會休息十七分鐘。」有一點很重要，休息通常是遠離電腦，進行工作相關的討論或散步。[7]

五十二比十七的準則是不是理想的工作組合？短暫的休息時間跟較高的生產力有關，其證據來自於一九九九年康乃爾大學（Cornell University）的專案計畫，使用電腦程式提醒勞工停止工作、休息一下。根據《大西洋》雜誌，研究人員做出以下結論：「勞工若收到（提醒停止工作的）提示，在工作上的準確度會比沒收到的同事平均高一三％。」[8]

此處的關鍵在於強調生產力並不代表員工一天八小時正規上班時間（包括午餐）毫無社交互動。工作日採取五十二比十七的模式，還是有一百零二分鐘的休息及午餐時間。

交由員工領導

週休三日或其他彈性政策要獲得成功，最重要的因素就是員工。

二〇一八年二月初，某個週五，我向國內分公司宣布進行週休三日的實驗，並提供影片，並且還告訴員工，該實驗重視合作精神，不會硬性規定。沒人會跟員工說該做什麼，我們需要一起想出答案，在團隊內跟主管攜手合作。成功與否，端賴於我們有多善於分享想法、解決問題、尋求協助。

我開啟許多溝通管道，讓員工能自在地提出建議。員工都明白自己是提早被拉進這個流程，也都知道我有決心，只是不曉得該怎麼做才行得通，而我需要員工提出想法與建議。當然，這一切都要回到信任，員工知道自己的聲音會有人傾聽並獲得尊重。

根據我的經驗，我會建議其他領導者給員工充分的時間，思考如何採取不同的工作方式，並且鼓勵員工想出自己要採用的生產力指標。請員工決定在團隊內要如何安排休息時間，同時還能滿足顧客與業務的需求。實驗要奏效，一開始員工都必須擬定明確的個人與團隊目標。

員工以這種方式投入其中，不僅至關重要，也嚴謹公平，畢竟只有負責產出的人員可以決定該如何履行議定的生產力指標。若採取硬性規定，員工就不會重新思考所屬的工作體系，整個過程的投入度與責任感也會因此遭扼殺。

公司若能激發員工構思出改善的見解來維持生產力，甚至提高生產力，就能避開明顯阻礙生產力的問題。

在由上而下的過程中，領導者會面臨的風險，是員工會認為該負責的專案無法達成、該政策意圖虛偽、注定失敗，公司可能被認為是在利用施行彈性政策，博取外界關注。

了解員工是前提

我提到，勞工會以幾種可預知的方式回應週休三日政策，這並不是一種概括的說法，而是基於合理的推斷，評估人類心理及我們會如何回應突如其來的變化。

公司內部宣布進行週休三日實驗或政策，領導者與勞工會感到不安，他們的設想與工作習慣也會受到挑戰，或許還會以未曾想過的方式思考自己的工作。

就這裡的討論而言，我指的員工是既有產業的公司裡擁有標準全職契約的員工，享有標準的福利和權利；相對於較新部門的新創工作，這類工作可能會用有彈性的誘惑條件來吸引人才，例如無限期的年假。

當我們討論公司文化會允許或禁止週休三日，我們在討論的是四種勞工。有些公司是某一種勞工很多，另一種勞工只有寥寥數人，但為了準備好落實全新的彈性體系，就必須了解這四種類型的勞工，還要配合勞工的需求與定見，採用合適的策略。

適應力高的熱衷者

不管哪家公司，有些員工聽到公司宣布週休三日的政策，如同獲得莫大的贈禮。他們會理解並接受，而且完全適應新的工作模式。在大部分的職場，這類員工是少數。包含重回職場的父母，他們知道且已經證明自己四天就能完成一整週的工作，或許會是該政策最有力的支持者。

疑心者

反應最大的通常出自理解該體系與益處、卻認為當中必有陷阱的人。疑心者會問，除非上司別有用心，不然怎麼會減少一天工時？是裁員的手段嗎？一旦我們證明自己在四天內能以更高效率工作，生產力目標會不會提高？

這些問題合情合理，領導者必須做好回答的準備，而公司若是最近（兩年前左右）才被併購，員工的疑心會更大、更急迫。在既有的產業，經驗豐富的勞工常經歷一次或多次的改組，疑心者會希望公司保證週休三日並不表示要精簡人力。前文討論過，紐西蘭兩家大型公司實施敏捷式工作法後，就發生失業狀況，因此必須坦率認可這個議題並加以處理，態度要誠實坦率。

拒絕者

第三種勞工會完全反對週休三日。在有些人的眼裡，每個工作日獲得的融洽互動是他們社交模式的核心，不喜歡失去任何一部分。公司提議員工能夠或應該用四天完成一週的工作，有些人聽到這提議會覺得困惑。如果提出其他的彈性選項，例如工作五天但每天工時較短，而非週休三日但每天上班八小時，也許有些拒絕者會改變立場。不過，對於寧願維持現況並在現況下表現良好的人，也應該表示尊重並給予通融。

不妥協者

最後，還有人會接受週休三日，但不承認週休三日有其益處。這些勞工只看自己能獲得的好處，無法或不願思考怎麼改變工作方式提高生產力，但要採行該政策，就必須這樣思考。在這種情況下，必須運用資深領導者與團隊管理者的技能，如此一來，更開明、更懂合作的同事就能掌握機會，不會被不妥協者破壞。

現在來討論高階主管。高層的態度會替公司的對話定調，並為領導團隊的其他成員提供指引。主管和員工一樣，也可以分成幾大類。雖然執行長是核心人物，對整體企業的影響無與倫比，但前文那些「類型」也會出現在所有管理階層與董事會。無法認可及處理他們提出的問題，就會導致失敗。

否認者

不管在哪，每當我談起週休三日的優點，就會有聽眾站起來，說出類似這樣的話：「是很好，但在我這行是行不通的。」否認者判定該政策行不通，忽略了週休三日的黃金準則：詢問員工。

我承認在宣布週休三日措施的期間，自己不知該如何落實腦子裡的政策，卻渴望能成功實現政策，我希望員工說哪裡必須改變才能達到目標。實驗前，我認為公司的每個人都會說不可能成功。

當然，否認者也許是對的。永恆守護者公司採行的週休三日並非唯一的解決之道，而公司會找出哪種彈性工作方式適合員工。然而，連保持開放性且正當的實驗都不願支持，就表示對週休三日及任何全新工作方式和經營事業方式，都採封閉心態。這樣會出問題，因為不管是否準備好，工作革命都即將到來。不願探索可能性，公司會失去人才。緊抓著舊有的做事方法，或許會是失敗的預兆。

可惜沒有方法可以規避否認者。少了堅定的領導力和支持，週休三日政策注定失敗。然後否認者就會在結束時，老練地說：「我跟你說過了。」

執行長層級底下的否認者是可以設法應對的，最主要的原因是可以比較他們與其他支持政策的領導者。雖然可能會有例外情況，但無法成功落實政策往往會被認為是領導階層的失敗。可以利用績效管理法引導這些人。董事會在面對執行長否認者時，應該思考這是否代表有更全面性的局限，例如不願實驗、不願以開放又正當的態度跟員工溝通、不願保持開放的胸襟。那麼此時的解決辦法就只有換另一位執行長。

逃避者

鴕鳥領導者到處都有，他們覺得一切原本就很好、沒必要對話的經理人。這純粹是出於自滿。

董事會與執行長在面對鴕鳥時，應該備好大量資料，證明彈性工作政策對生產力、投入度、員工留任意願、病假天數帶來哪些有益的影響。

我們從自身的經驗就能認出哪些重要機會可改善過程，又不會在為求提高生產力而進行的時間管理，做出無足輕重的改變。這起碼是划算的改善過程方法，就連鴕鳥也能看清益處。

差勁推銷員

這種領導者支持週休三日的概念，卻不確定資深主管、董事、股東會有何反應。他們會明顯有疑慮，就表示推銷的說詞不太有說服力。

設計該實驗時，必須先說服自己。即使提出週休三日是出自直覺與我的創業家性格，也許意味著具有賭徒本能，但我持有公司很多股份，可不想把公司和財產放在輪盤上賭。我們以生產力為基礎進行實驗，說服自己相信實驗的可行性，然後以獨立的研究及議定的生產力目標來證明實驗確實可行。

有了這些指標，加上明確承諾生產力不佳時會撤回週休三日這項贈禮，這樣應該能安撫堅決反對的董事，最差勁的推銷員也會有信心。

留意「高生產力」者的習慣

中型至大型企業多半會有一群員工認為自己的生產力已經很高，也充分發揮了工作能力。這類員工會認為週休三日的施行是強加的要求，而非贈禮，因為在他們看來，公司說週休三日可改善生產力，簡直荒謬可笑。對他們而言，工時減少就表示工作做不完，但自己每天的工作都是滿的。

從資料上就看得出來有些員工的生產力較高，有些較低，而職場上普遍觀察到的現象就更不用說了。儘管如此，人們從事真正高生產力的工作時，極不可能時時刻刻都以最高效率充分發揮工作能力。

帶領「高生產力」勞工的經理若是反對檢討實際生產力，就不得不帶領勞工走上別條路，一開始會質疑員工的每個流程或每件工作是不是：1. 有生產力；2. 有必要；3. 就算改善流程也無法更快達成。

我敢打賭，就算是效率最高的員工也能找出一些方法來簡化流程，並減少表面上有生產力、實際上卻沒有的流程。很多職場都受這類行為所苦，比如，開著時間冗長、人員過多的會議，收到沒必要的電子郵件。這些情況會讓人誤以為有生產力，但公司的產出與利潤卻增加得很少或毫無成長。

生產力未達標，即取消週休三日

對週休三日的支持必須超乎表面。領導者實施彈性政策，若動機是基於流行，那就達不到必然的成果。實施政策時，核心在於必須認真討論生產力的改善方法。領導者必須願意向員工說出可能不得人心的重點，那就是生產力不是附帶的後果，而是主要的目標，另外，其他事物，包含工作和生活的平衡都是次要的，但如果做得對，自然就會達到平衡。

必須坦率向員工說出刺耳的真相，若無法維持雙方議定的生產力水準，就會失去週休三日。這種做法雖然不受歡迎，但領導者必須用撤回的手段來懲處。

週休三日還沒有在各個產業、不同市場普遍進行實驗，但我認為領導者只要正確打好根基、以開放誠實的對話開始實踐、進行員工引導的過程、動機並非基於討好，那麼就沒有必要採用制裁手段。

讓員工自由參加

週休三日是設計成員工引導的措施，因此管理階層與董事會為了長期實施週休三日而做出的決定，一律不得單方面在整個企業施行，必須跟員工商討，並讓員工自由選擇是否參加這個公認的新工作體系。

就永恆守護者公司的情況而言，唯有讓員工自由選擇參加，才能合法且長期讓他們每週多休一天假。不過，這也是合乎邏輯的決定，畢竟任何實驗都可能證明週休三日不是人人都適合的最佳工作模式。我所說的「選擇參加」，是指員工只要填寫一張表單，經過律師認可，就能轉為週休三日。條款已載明，平時享有的就業條款、責任、福利一律適用，員工起初加入公司所簽的勞動契約維持不變。

選擇參加的員工適用的議定生產力指標必須事先制定並獲主管許可，「選擇參加」的政策本身並不是無限期，而是十二個月後會續約，一年期滿前要對員工帶頭制定的指標完成全面檢討。

有些勞工為了方便接送小孩上下學，寧願採用週休二日，協商減少每日的工時。有些勞工認為工作是社交生活的重要環節，寧願選擇五天的工作行程，但也可能協商減少工時。另外還有一小群人需要一週整整四十小時才能達到生產力目標。

有一點很重要，在「選擇參加」的模式下，公司可順應淡旺季變化，大部分企業都會受淡旺季影響。比如，我們公司旺季時，會計團隊要長時間工作，週休三日並不實際，反而會導致壓力增加。對於不一致的工作模式，思考一年中哪些時候可以提供更大的工作彈性，如何倚靠大家都竭盡全力工作的旺季來平衡總體工作。

輪班制也適用嗎？

全球各地進行週休三日的討論時，常有人對我提出這個問題：「不以辦公室為工作據點的行業該怎麼應對？」輪班制、有熱門時段的產業（例如零售業與餐旅業）等產業工作的員工，通常不明白週休三日制度如何應用在自己身上。

以零售店為例，你有進去店家後，被店員冷落的經驗嗎？那些人具有生產力嗎？沒有。

現今，零售業的輪班制已經行之有年（是既有的彈性工作安排形式），許多店家一週七天都開門營業，但大部分勞工每週都有休假。如果你是零售業主，可以算出精力較充沛的勞動力能創造出更好的業績嗎？如果讓員工在工作時間上有更多選擇，也許會發現有人喜歡週五或週六輪班，而這恰好是同事不想工作的時段。第三章提到的例子就顯示蓋璞實體店面的員工有了輪班彈性後，銷售量有所提升，而此例頗具啟發性。

如果跟全體員工商討想怎麼安排每週工時，例如哪種安排最適合他們的生活方式、學習時間表、育兒責任等，那麼員工也許會表現得更好，不會筋疲力盡、沒耐心服務顧客。員工留任意願很可能也會有所改善。

餐旅業的情況也差不多，有多少人在餐廳遭受過差勁的服務？如果廚師每小時都不停工作，我們還能期待製作食物的速度或品質一直都很好嗎？我跟其他的領導者與業主說，要把眼光放遠。在輪班型的公司，或熱門時段是在夜間與週末的公司，週休三日完全可行，但可能造成短期成本增加，畢竟會需要更多的員工。

不過，請記住，週休三日的重點在於生產力。如果員工精力更充沛、更有熱忱，也許能多銷一瓶葡萄酒，也許會提議買一條完美的皮帶來搭配新洋裝。

不管是哪種產業，厭倦的勞工都不是好事。在我看來，只要享有更充分的休息、不用休病假、心理健康良好、有時間平衡家庭與工作，生產力就會提高。只看成本或投入的資源，就會誤判，而且也沒掌握到重點。

- 為週休三日打好根基，建立信任，不要想太多，考慮進行短期實驗，視時間為珍稀的資源，做好事前調查，務必獲得適當的法律建議。
- 一旦確立實驗或生產力政策，請找方法減少工作環境裡，會讓人中斷工作及令人分心的事物，例如勞工可陳列某種物件，用以表示自己希望不受打擾。
- 著眼於產出價值，確定員工到董事會都理解企業目標，針對定時休息工作模式實驗。
- 把實驗與政策交由實踐者「勞工」主導！還要理解一點，不是所有的主管或員工都會接受或容易適應生產力政策。生產力政策可能不適合全體員工依循，所以務必採行「選擇參加」的模式。
- 勞工從最初就必須理解，若無法維持雙方議定的生產力水準，就會失去週休三日。
- 在不以辦公室為工作據點的行業，週休三日也同樣可行；很簡單，一開始就要跟員工商討每週工時該怎麼安排才最適合他們的個人生活。

第7章

除了提升生產力，更讓環境永續

減少汙染，促進永續發展

本書重點放在職場的生產力上，儘管如此，就算國家生產力只是適度改善，都可能產生諸多的總體經濟益處。英國的新經濟基金會（New Economics Foundation）表示，每週工時若為二十一小時，有利處理「相互關聯的急迫問題」，例如「過勞、失業、過度消費、高碳排放量、低落的幸福感、根深柢固的不平等、沒時間採用環保的生活方式、照顧彼此，以及單純享受生活」。[1]

這種說法當然是認為時間更短、生產力更高的每週工時制度能支撐個人收入需求。永恆守護者公司的例子就證明這種制度可行。

現在以紐西蘭奧克蘭為例，假如週休三日成為主流，而奧克蘭各地組織減少二〇%每天待在辦公室的人數，那麼每天道路上的汽車數量起碼會減少二〇%。如果父母經常獲准工作五天但工時較短，方便接送小孩上下學，那麼汽車數量最多可減少四〇%。

二〇一七年，紐西蘭經濟研究院（New Zealand Institute for Economic Research）發表一

份報告，闡述緩解奧克蘭道路壅塞可帶來的益處，這表示減少交通量對該城市有明顯經濟上的意義。

根據該份報告，如果道路系統的使用達到最佳化，生產力就會成長，每年至少達紐幣十三億元（奧克蘭GDP的一．四％；約新台幣二百四十七億元）。此外，如果奧克蘭道路系統的平均車速接近或等於速限（亦稱自由車流），那麼工作日緩解壅塞帶來的益處，估計是每天紐幣三百五十萬元（約新台幣六千六百五十萬元），或每年紐幣十四億至十九億元之間（奧克蘭GDP的一．五％至二％；約新台幣二百六十六億至三百六十一億元）。[2]試想，這些結果要是外推到紐約市、倫敦、布宜諾斯艾利斯，會是何種情景？

第一章就討論過，交通壅塞的密度與拉長的通勤時間是今日工作方式的附帶後果，已開發國家每年耗費的時數、金錢、燃料桶、二氧化碳公斤數是數以十億計，「尖峰時刻」一詞也已收錄在辭典裡。就算不考量氣候變遷問題，純粹站在經濟角度去看，現在普遍的工作模式無疑十分重視生產力與效率，像機器人那樣遵守工時已經不太重要。以前日出而作、日落而息的做法，現在多半被視為迂腐。

若把注意力放在環保上，答案顯而易見。二〇一八年，加州大學戴維斯分校（University of California, Davis）人資部門發表的文章，直率提出環保理由來反對工作的僵化：「身為員工的你不出門上班，也許是你所能做的最環保的事。」[3]

該篇文章作者站在美國人的角度，探究彈性工作安排的公認益處，發現美國溫室氣體排放量的第一名和第二名分別是交通（二九％）以及發電（二八％），約有一億三千五百萬美國人通勤上班，當中五成勞工的工作有時可以遠距處理，而勞工要是能減少一半的通勤時間，減少的碳排量相當於從道路上移走一千萬輛汽車。[4]

加州大學戴維斯分校的彈性工作安排方案有助於「增加勞工生產力與留任意願，改善工作和生活的平衡」，其所提出的主要選項有：彈性上班制（更改工作日的上班或下班時間）；壓縮工時制，每週的工作天數較少，但一日的工時較長；一週有部分時間遠距工作。前述的選項起碼有些時間會跳過通勤時間或避開尖峰時間。

加州大學戴維斯分校的案例也獲得英國雷丁大學亨利商學院的研究報告支持，根據該份研究報告，減少每週工時除了為員工生產力與身心健康帶來正向影響，還能促進環境永續。

該份研究報告的作者群表示：「週休三日也證明對環境有正面影響，據員工估算，每週平均少開了五億五千七百八十萬英里（約八億九千萬公里），交通運輸的碳排放量因此減少。」[5]

亨利商學院的研究在既有文件中堪稱意義重大，但採納的資料數據只來自約兩百五十家正在施行週休三日的企業。如果用報告中的員工通勤行為推算英國，甚至是整個已開發國家的情況，那麼就有充分的理由，支持透過週休三日來改變勞工的交通情形，藉此保護氣候並阻止災難性的變化。

二〇一八年《政治經濟評論》（*Review of Political Economy*）發表的研究報告即支持此例。科羅拉多州立大學（Colorado State University）、佛羅里達新學院（New College of Florida）、賓州狄金森學院（Dickinson College）的研究人員分析了美國經濟分析局（US Bureau of Economic Analysis）與勞動統計局（US Bureau of Labour Statistics）的資料數據，發現工時較長的家庭，碳足跡高了許多。[6]

我寫下這些文字時，「反抗滅絕」（Extinction Rebellion）環保運動正在世界各地重要道路設下路障，呼籲政府立刻採取行動，落實碳中和。此舉引發議論，碳中和的立場可能對國家的生產力與全球競爭力造成嚴重負面影響。然而，普遍實施週休三日可以立刻大量減少汙染程度，又不會對企業績效造成負面影響。

如果我們做好準備，讓資料數據引領世界付諸行動，那麼週休三日或可解決大至氣候不穩定、小至工作壓力的危機。要讓地球永續發展，生產力導向、減少工時的工作模式並非唯一措施，可是根據證據顯示，在數位時代，強化工作對創造財富來說，會有不良的影響，即使有少數的個人與公司越來越富有，但他們跟其他人一樣，都活在不穩定的氣候環境下。

只要更改每週標準工時，著重生產力與幸福感，那麼人類、經濟、地球就會變得更好，而我說這樣有可能創造良性循環，並不是正如每位員工都有責任讓週休三日發揮預期的結果，我們到最近才終於理解，氣候危機不是別人要解決的問題，而是所有人的課題，因為大家都同在一艘船上。假如一開始就在工作模式與流程做出小改變，但大規模施行，好比隨手做好資源分類，將會有什麼結果呢？想要解決問題，辦法就不能太難。

多出的時間和心力，可投身公益

週休三日的價值不只在於能減輕人類與地球承受的壓力，還能符合永恆守護者公司的生產力政策。選擇參加週休三日的員工，每季要貢獻一天休假給慈善團體。員工可自行選擇想支持的團體，每位員工一年會貢獻四天時間，每年總共約一千天的社會公益活動。

在我看來，每季貢獻一天的義務加深週休三日贈禮的概念，還提醒大家，該政策的目標是讓人無論在哪裡都能發揮最佳表現，而為社區貢獻就是其中一項。

舉例來說，紐西蘭志工協會（Volunteering New Zealand）主張以彈性支薪作為擔任志工的一種方式。該組織認為在支薪工作的資助下擔任志工，對勞工、雇主、社區具有重要價值。志工活動分成兩種：一種是性質急迫的活動，例如擔任義消；另一種是單調乏味的活動，例如照顧年邁的親屬。[7] 不論是哪一種，都深具意義，彈性工作可以節省時間，多出來的時間可以用在非營利組織與有意義的事情上。

姑且不論政策規定，永恆守護者公司員工懷著由衷的熱忱，從事志工工作，這點證實了社會交換理論。美國杜蘭大學社工研究所（Tulane University School of Social Work）指出，社會交換理論是主張「彼此的關係是經由成本效益分析而來。換句話說，該指標的設計是用以判定個體在人際關係中付出的心力。」[8]該理論可以應用在友誼與情感關係，亦可應用在職場上，主要是雇主與勞工間的交流，各方會去衡量付出與收穫，衡量維持業務關係是否值得。[9]

勞工若處於不友善的職場，薪資太低或付出的努力未獲認可，就可能會萌生退意。反之，勞工若可以選擇「一〇〇－八〇－一〇〇」的工作模式，不僅可能履行當初承諾的分內工作，更可能想付出更多，甚至願意擔任志工工作為交換。

企業方面也有許多收穫，競爭優勢即是其一。雖然我們一開始沒有這樣的打算，但是週休三日的公告，以及員工從事符合公司大規模慈善服務的志工行為，最終納入行銷策略。實驗期間，我們的市占率成長，爭取到更多合約，正面的聲譽也隨著全球各地展開週休三日對話而增加。

回到良性循環。試想各國政府開始立法制定週休三日，或鼓勵企業在保障既有勞權的同時，提供彈性工作模式，法規或獎賞制度類似永恆守護者公司的政策，亦即每位勞工必須每季貢獻一天從事公益。假如公司引領勞工邁向永續目標，且勞工因此獲得獎賞，會有什麼結果？假如所有公司都聯合起來，成千上萬的勞工自願清理環境、種樹、在動物收容所與救援所工作，甚至進修永續議題，會是什麼情景？

將來的工作會有一部分必須靠企業與員工的力量來克服氣候危機，而要做到這點，政府與企業就必須做成協議。

在法國，總統馬克宏（Emmanuel Macron）致力於重新施行義務役，從此舉就能略窺政府與企業的合作模式將如何展開。馬克宏提出兩階段的義務役，適用於所有十六歲國民。第一階段是為期一個月的實習工作，著重在公民文化，包括義務教學與公益活動；第二階段是為期三個月至一年，年輕人可以選擇在文化遺產、環保或社會照護機構，擔任志工（馬克宏提出的這兩種實習有其軍事含意，但根據 BBC 的報導，青年團體反對後，軍事含意就變淡了）。[10]

週休三日的益處無以計數，可透過立法來強化並推動。政府可利用各產業、城市、國家等企業所呈現的珍貴數據作為新工作制度的參考，不用犧牲既有的經濟利益，但在個人幸福感和公益方面，卻能創造豐厚的效益。

平衡工作與家庭，男女皆受益

二十一世紀的職場，性別薪資差距、歧視、缺乏多樣化等問題仍舊根深柢固，許多知名的案例出現在美國最大的科技公司與零工公司，而蘇珊・福勒、丹・萊昂斯等評論家也都曾指出這類問題。

缺乏工作彈性往往會對女性造成較大的傷害，因為女性為了照顧子女，會比男性更容易中斷事業。有些分析發現，彈性工作對男性比較有利，也更容易獲得彈性工作。

二〇一四年，美國傅爾曼大學（Furman University）站在性別觀點進行彈性工作研究，結果發現男性要求彈性工作時，獲准機率高過女性。二〇一六年，德國研究人員再度根據男性與女性員工彈性工作的狀況進行研究，結果發現有行程自主權的勞工，賺到的薪資超過標準工時的勞工，「有行程自主權的男性年薪比固定行程的男性多了六千七百歐元（約新台幣二十萬八千元）；具有同等自主權的女性，年薪只比固定行程的女性多兩千歐元（約新台幣六萬二千元）。」[11]

研究結果殊途同歸。管理學副教授大衛・博柯斯（David Burkus）分析研究結果後，提出一種理論：男性想要彈性工作是因為可提高工作生產力，但女性彈性工作是為了育兒。由此看來，博柯斯說女性可能會被同儕的以下偏見影響：女性想要彈性工作只是為了滿足家庭需求，而非提高工作生產力。[12]

儘管數以百萬計的女性跟男性一樣努力，甚至更努力工作，性別歧視還是持續存在，實在令人遺憾。永恆守護者公司有兩件軼事，呈現出週休三日可能縮小性別上的薪資差距，讓工作與家庭取得平衡，女性與男性皆受益。

週休三日有利於家庭，從永恆守護者公司的員工葛莉塔（為保護隱私，姓名已更改）的故事就明顯得見。葛莉塔負責週休三日政策的設計與執行。她的丈夫是廚師，通常是下半週與週末要工作。進行實驗與分析後，週休三日很可能成為公司的永久制度，此時葛莉塔與丈夫決定生小孩。

在週休三日下，他們的生活安排會有改變，每週可以有一天一起休假，這就表示步入家庭是可行的選擇。如同其他已開發國家，紐西蘭出生率同樣下降，但年輕夫妻因彈性政策可以做出人生重大決定，而彈性政策不論勞工性別、有無子女或將來有何家庭計畫都能享有。

葛莉塔的育嬰假權利除彈性政策，還受到合約保障，如果她產後復職，選擇商討新的工作時，也會依她的表現安排，而非待在辦公室的時數。

還記得我們公司的人資協理布勞瑟頓嗎？在某些方面，她可說無意間成為該場實驗的白老鼠。二〇一六年初，布勞瑟頓加入公司，基於一些原因，她跟公司協商將原先公告為全職的工作談成週休三日，因此薪資與福利低於同職位的全職勞工。布勞瑟頓認為這是合理的，身為資深人資主管，她與其他人一樣都很清楚行規。

不過，我看到布勞瑟頓的表現，發現議定的條件看似合乎標準，卻明顯不公平。在週休三日下，她的生產力跟全職員工一樣高。我跟布勞瑟頓說會提高她的薪資與福利，她也繼續用八〇%的時間完成一〇〇%的工作量。

布勞瑟頓最初協議的員工待遇正是女性（及其雇主）該避免的契約。女性生育後通常會離開職場一段時間，返回職場時，可能會商議較短的一週工時，但生產力往往跟全職員工一樣。勞工不管性別為何、有無子女，都不該在工時上進行協商，應該要在生產力上進行協商，而雇主若是想做出正確的抉擇，就會把生產力看成是衡量價值的首要指標。

如果雇主首重的是工時，那麼下午三點必須去幼兒園接小孩的高生產力女性，價值就低於朝九晚五、但一天平均只認真工作兩小時的勞工。

如果每位勞工都能在生產力上進行協商，而非在工時上進行協商，性別薪資差距就會快速縮減。在週休三日下，公司老闆或領導者能獲得他們付錢買的勞務，怎麼還會反對？布勞瑟頓的故事是職場媽媽在週休三日政策下的縮影；認可職場媽媽的生產力，並視她們為全職員工，就表示她們在職場上還是有機會晉升。如此一來，不只是薪資差距縮小，企業與政府高階主管的男女性別比也會縮小。

在我們公司，像布勞瑟頓和葛莉塔的故事還有數十例。有些最佳證言來自於想要多參與小孩生活的父親，而週休三日讓那些父親的期盼得以成真。這不是偶發事件，如果男性可以繼續擔任全職工作而女性卻無法，性別刻板印象就不會消失。只要父親花更多時間在家庭上，且收入或職業前景不會因此犧牲，那麼大家對於家務分工、女性在職場扮演的角色上，原本抱持的偏見就會改變。

人資協理對週休三日的看法

週休三日的實驗目的，是要判定每週多休一天但仍領全薪，是否足以鼓勵員工改變對工作方式的想法。

對於考慮實施類似政策的人，我們根據自身經驗提出的主要建議是，明確制定你的目標，明確知道你想要達到什麼目的。另外，大膽構思並貫徹執行也同樣重要。公司通常會卡在技術層面，不曉得該如何落實新政策。

在設計彈性工作的實驗或政策時，應秉持合作精神。雖說領導力是成功關鍵，但在由上而下或獨裁的作風下，不可能會成功。我們的實驗之所以成功，是因為交由員工做出決定，並信任他們能為顧客與團隊成員做出正確判斷。

我們制定的政策可以視工作量、專案或顧客要求而彈性調整，有時員工不會在「休息日」休假，然而，我們交由員工決定。領導者與主管務必要擔任輔導與支援的角色，而非指揮的角色。

該政策還有另一個重要層面，就是根據公司不同人員與部門量身打造生產力指標。該實驗讓我們得以跟每位員工展開深度對話，所以他們都理解自己的工作價值。此外，大家都意識到也仔細思考了自己的工作和背後的原因。

員工構思出許多措施，其一就是把六十分鐘的開會時間縮短為三十分鐘。實驗結束後，我們評估縮短的會議時間是否造成生產力或價值降低，結果並沒有。員工變得更仔細思考自身行為，確保開會要有重點，思考要如何共同合作，並尊重彼此的時間。

實驗開始後，我們就確保員工的四個工作天不延長工時，嚴守約定好的標準工時，把重點放在工作效率，以期做到每週多休一天。

由該場實驗可知，現今傳統的工作方式和工時規定漸漸變得沒那麼重要。週休三日把時間送給了勞工，讓勞工得以照顧自己、跟家人重新連絡感情。我們都很清楚，像這樣精心設計的彈性與生產力政策，會開始改變每個人的人生。

在此鼓勵世界各地的企業接納這套創新思維，施行全新的工作方式，重視生產力，而非重視工時，並且脫離傳統朝九晚五（或工時更長）的工作方式。總而言之，如果一直因循守舊，將來怎麼可能改善做事方法？

縮短性別造成的差距

家庭會根據經濟能力做出許多決定。收入差不多的夫妻有小孩時，母親比較會請假照顧，也就是父親必須更努力工作，才能勉強維持生計。也許男方會設法升職，藉此增加薪資，如果男方成功，男女雙方的收入差距會更大，以男方事業為重，也就顯得更合情合理。我們長久維持十九世紀的週休二日，卻導致性別薪資差距與家庭勞務的性別分工情況加劇。

最初採行週休二日確實是基於男主外女主內的勞務分工。除少數例外情況，二十世紀的戰後期間，中產階級成長，女性在家照顧家庭，只有男性出外工作，一個人賺錢也能養活一家人。以前，公、私領域是分開的，也有清楚的界限，但現代社會再也不是如此。

性別薪資差距

男性與女性在勞動市場的薪資水準至今仍舊存在差異，而且通常沒有正當理由。OECD會員國的平均性別薪資差距為一三・八％，美國與加拿大雙雙超過平均值，落在一八・二％，至於其他的已開發與開發中國家，差距最小的是羅馬尼亞的一・五％，差距最大的是韓國的三四・六％（見圖7-1）。若調查的對象是自雇者，美國名列第一，性別薪資差距高達五六％，紐西蘭與加拿大分別上升至三三・九％與三四・九％。[13]*

如今，我們掌握了有利的形勢，看出了男女的薪資存在著差距。我們追蹤了產業與市場的性別薪資差距參數，並且迫使政府、公司、雇主承認這種經濟歧視會重大損害到多元化的勞動力及女性與家庭的權益。

根據英國的統計數據，男性與女性在四十歲以前沒有重大薪資差距（女性主要是在四十歲成為年幼子女與年邁雙親的主要照顧者）。到了中年，數據開始躍升，四十至四十九歲的年齡層會上升至一二・八％，五十至五十九歲則是上升至一五・五％。[14]也就是說，若薪資計

＊台灣則是一四%。

圖 7-1　各國性別薪資差異

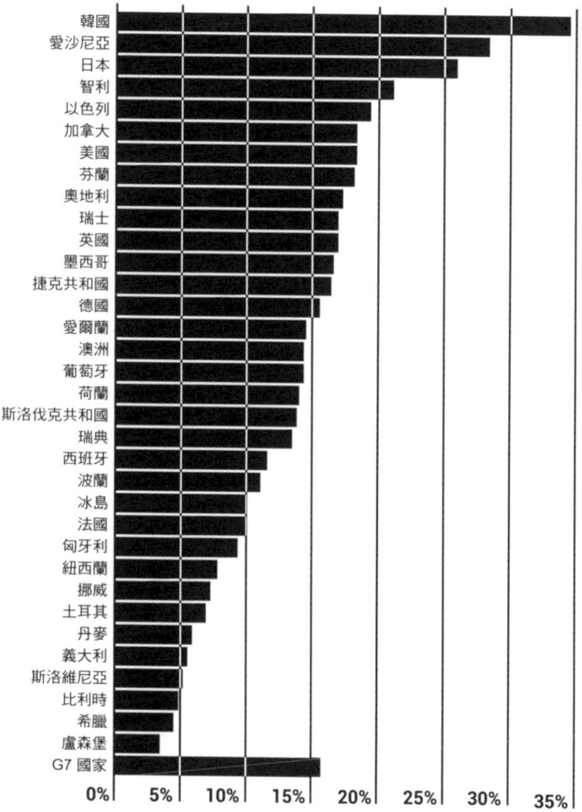

算法是基於待在辦公室的時間，而非生產力，那麼就算女性的生產力跟同職位的男性一樣，肯定還是會有薪資差距（見圖7-2）。

透過生產力找出性別平衡的解方

週休三日重視生產力的特性，能成為薪資差距的解方。公司若採用傳統的工作模式與績效獎賞，男性就無法成為好爸爸，身為主要照顧者的女性，在升遷上也易遭阻礙。只要工時制仍是標準的工作模式，問題就無法改善。

很多公司認知到這一點後，雖尚未立即實驗或採行週休三日，卻也開始重視性別平衡、消弭薪資差距，並提供更多彈性工作方式，讓員工可兼顧工作與家庭。公司只要提供彈性的

圖 7-2　性別的薪資及勞務工作差距

我們打造出的職場已導致性別薪資差距
以及家庭勞務的性別分工情況加劇。

工作安排，就會發現有更多人才可以挑選。公司若提供居家辦公的選項，要照顧年幼子女無法進公司，但能力很好的女性或男性，就能爭取支薪工作。科技促進了遠距的電話會議與線上會議，定期跟團隊面對面開會，就得以維持組織的凝聚力。

我怕這類安排免不了會遭到曲解，在許多案例中，勞工會認為，彈性的工作安排有利公司。勞工與公司最好能採用真正全面的做法，設立基本生產力標準，讓所有人員都能釋出一些時間，這樣就能直接減少薪資的性別不平等情況，還能幫助夫妻在家務上找到平衡點，並省下不少托育費。

有許多阻礙會讓女性無法晉升到高階主管的職位，高層女性的人數不如男性，而重視生產力的彈性制度能移除這些阻礙。

根據我們在永恆守護者公司的經驗，員工在週休三日下可自主做出決定，並且為將來的工作景況共同擔起責任。這證明了該工作模式可為所有勞工打造出公平競爭的環境，原因在於薪資是根據生產力議定，性別、族群、年齡甚至工作經歷上的差異都無關緊要，只要勞工有資格、有能力處理公司指定的職務就行了。

週休三日確切證明了沒必要訴諸於零工與零工時契約，沒必要冒險任由得來不易的勞工保障付諸流水。堅持這種作為的公司是在壓榨人力資本。

壓力少、產出高，工作品質獲改善

前文討論過，憂鬱、焦慮等工作相關疾病的罹病率日益增加。忙碌文化與超連結世代是數位時代下的產物，會隨著零工經濟的成長而強化。勞工怕自己的工作或產業會被淘汰，職場充斥著集體不安的氛圍，員工承受更大的壓迫。我們有充分證據可證明這種工作方式會導致身心俱疲、敗壞文化、損害生產力。

二〇一七年至二〇一八年，英國有五十九萬五千名勞工承受工作相關的壓力、憂鬱或焦慮，損失的工作日多達一千五百四十萬天。[15]因心理疾病而付出的人力成本，可直接歸因於職場環境惡劣。去除同理心的要素，只站在經濟角度考量資料數據，任由職場環境保持不變，未免太過天真。

根據永恆守護者公司在實驗期間蒐集的資料數據，勞工三十二小時的生產力等同於四十小時，而且比較不會因工作壓力而罹患相關疾病。其他進行每週工時行程實驗的公司也發現類似證據。雖然墨爾本 Versa 數位機構的生產力指標跟我們並不一樣，Versa 的工時稍長一些，但 Versa 發現，週三公休並要求員工在其他四天共工作三十七．五小時，員工會變得更開心，壓力沒那麼大，生產力也會增加。Versa 公司在二〇一八年初縮減每週工時，如今賺得的利潤是當時的三倍，營收成長三〇％至四〇％。

Versa 執行長凱薩琳．布萊曼（Kathryn Blackman）對「美國廣播公司」（ABC）說，她理解其他公司何以反對週休三日：「原因就是恐懼。害怕信任員工，不相信員工會做出正確的事情。」[16]

你能不能信任員工週休三日？只有一種方法能找出答案。如同環保議題，道理十分明顯，就讓員工在合理範圍內根據生產力定下工時！他們會有更多時間照顧自己，會發揮更高的工作水準，更努力工作。

週休三日對執行長而言是重要決定，執行長必須向董事與股東證明該政策的合理性。事實上，可以看成是員工拿到二〇%的加薪幅度。能同時名列《財富》（*Fortune*）五百大企業，且實現週休三日的領導者，就會創造公司歷史。週休三日無疑是十分合理的制度，實驗後，就會發現病假天數減少，生產力與獲利提高，工作應徵人數增加，辭職人數減少，員工的壓力顯著降低，整個企業的工作品質獲得改善。

除了提升生產力，更讓環境永續

- 週休三日可減少整體交通流量，通勤人數少了，碳排放量與生產力浪費的情形隨之大幅減少。彈性工作多半能減少通勤時間及（或）避開尖峰時間。
- 根據永恆守護者公司生產力政策的規定，選擇參加週休三日的員工，要把每季獲得的其中一天休假投入社會公益活動。在彈性工作的模式下，節省的時間會花在非營利組織與有意義的事情上，用以擴大社經價值。
- 根據社會交換理論，週休三日的勞工可能會想付出更多，換取工作彈性的感知價值。

擔任志工成為這種換取過程的一環。

- 週休三日可能會縮小性別薪資差距，女性與男性在職場上、家庭裡的勞務分工能更平等。
- 負責協助擬定週休三日政策的人資協理布勞瑟頓，她的故事證明該政策對職場媽媽有許多益處；認可職場媽媽的生產力，並視她們為全職員工，也代表儘管她們週休三日，在職場上還是能晉升。同理，週休三日還能協助男性勞工既成為好爸爸，又不會犧牲事業。
- 有越來越多的證據證明，勞工三十二小時的生產力等同於四十小時，而且比較不會因工作壓力而罹患相關疾病。

第 8 章

彈性工作安排，效率更好

福利驚人的公司，員工生產力更高

對週休三日抱持懷疑與拒絕態度的人，認為週休三日不是所有產業都行得通，認為獲得短暫改善後就會退回原點，這些反對者對於重視生產力的工作行程，是否能對健康與幸福感產生實質影響，也許會抱持懷疑態度。但其實不用擔心，第五章已提出證明，週休三日對公司兩百四十名員工的生活與身心產生了正面影響，至方案實施第二年時，我們仍持續追蹤這些指標。

整個實驗始於直覺，我們覺得施行週休三日，勞動力投入度會更高、壓力更小、更熱中工作，生產力連帶提高。我身為割喉式競爭的公司高層已有數十年，所以很清楚一點，只要員工握有自主權、投入工作、受到激發、能力獲得認可、被尊重對待，就會把工作做得更好。

創造出每年五千萬至七千萬美元的產值，同時又大方對待勞工，原來是做得到的，芝加哥軟體公司 Basecamp 就是成功的例子。五十四名員工一週頂多工作四十小時，夏天會縮減到四個標準工作日，所以每個人都能享有三天的週末，而且薪資不變。員工福利更是令人驚嘆，公司提供健身房會員資格與按摩服務，還可申請共同工作空間租金補助，在進修教育與慈善捐款方面，每人享有一年一千美元的額度，健保也有高額補助。

另外還有十六週的產假、六週的育嬰假，每工作三年就享有一個月的支薪長假，這些福利在美國的工作環境十分罕見，遑論矽谷。Basecamp 還支付每位員工年假期間最多五千美元的花費。

怪不得半數員工即使分散各國且獨立作業，年資也都超過五年。員工打卡上班都是透過 Basecamp 應用程式，每天早上規劃工作內容，下班時回報情況，還可以用來分享週末與家庭活動的個人最新動態，全公司成員每年到芝加哥兩次，為期一週。科技作家丹．萊昂斯在《失控企業下的白老鼠》提及 Basecamp 公司，強調 Basecamp 在同類型公司中獨樹一格。Basecamp 公司的創辦人都喜歡在早上九點半開始工作，而且「不想成為有三百名員工的大型公司，只想打造出自己都想工作的公司。」

其中一位創辦人大衛．海尼梅爾．漢森（David Heinemeier Hansson）建構出極具價值的

Web架構，並以開源產品的形式免費提供；另一位創辦人傑森・福萊德（Jason Fried）跟萊昂斯提到了矽谷人的調侃：「他們說我們很可愛，用可愛的『生活方式經營法』*工作。我們的員工比較快樂，他們花時間跟家人相處……大家都對我說：『賈伯斯週五放假的話，就打造不出蘋果公司了。』呃，我又沒有要打造出蘋果公司，也不在意賈伯斯做了什麼。」

工作和生活的平衡深植於Basecamp公司文化，背後有個簡單的生產力前提在支持，每位員工每天都要有不受干擾的八小時工作時間，工作滿八小時就該下班。漢森說，人沒必要工作八十小時。

Basecamp公司的兩位創辦人當初並沒有打算實施週休三日，但工作方式卻具備週休三日的特徵。他們利用科技促進工作效率與協同合作，還大幅減少令人分心的干擾。芝加哥總部實施「圖書館規定」，用以降低噪音。公司提供方法與福利，好讓員工全神貫注在工作上。領導者培養出的公司文化，奠基於信任與開放的溝通，主管甚至不會檢查每位員工的工作時數。

漢森與福萊德是財閥的對立面，而尼克・哈諾爾曾告誡財閥，如果不處理日益嚴重的不平等現象，「平民將舉起乾草叉對付財閥了」。兩人原本可以像家喻戶曉的科技業創業家，賺取巨額財富與成就，結果卻去追尋截然不同的價值。萊昂斯寫道：

> 這兩個傢伙不想成為下一個祖克柏，反而花一堆時間鼓勵有抱負的創業者採用更健康的方法經營公司。從善待員工、照顧員工開始做起，這也表示要照顧自己。減少工時，避免壓力，找到幸福。[1]

促進勞資雙贏的工作安排

本書通篇討論彈性政策下的週休三日，而在彈性工作安排的範疇內，週休三日的形式可

---

* 指創辦人的經營目的主要在維持收支平衡，而非追求收入最大化。

能多達數十種。

凡是非每週標準工時的方案，可視為彈性工作安排。正如加州大學戴維斯分校發表的文章所述，彈性工作安排分成兩大類：1.彈性工作地點的（例如在公司或在家中）；2.彈性工作時間（例如上下班的時間，哪些天是上班日）。還有另一種方案是兼職工作，亦即每週工作經常未滿四十小時。員工也許會為了投入其他活動（例如照顧家人或讀書），而想要減少工時；雇主也許希望勞動力更彈性，好增加服務顧客的時數，或在需求達到高峰時，增加上班的員工人數。

在已開發國家的彈性工作安排文獻中，彈性工作安排涵蓋了以下內容：週末工作、輪班、加班、一年工時契約、兼職工作、職位分擔、彈性上班制、臨時工作、定期契約、在家工作、遠距工作、壓縮工時。但在永恆守護者公司的實驗前，減少工時又維持全職薪資的公司，尚未有廣為人知的實例或研究。

彈性工作安排的支持理論，是基於國際上的報告，以及勞工動力與生產力的研究，該理論認為給員工更多時間處理私事，他們就會更有心力處理專業事務。越來越多的證據顯示，雇主與員工簽訂互惠契約，在工作的時間、地點、分量方面提供其他選擇，會在心理、社會、經濟上帶來重大影響。

彈性工作安排是根據原始成本進行分析，可減少營業成本。讓員工在辦公室以外的地方工作，辦公室的經常開支就會隨之降低，且如果可以讓員工在家中工作，照顧生病的小孩，他們也就不用請假離開辦公室。

工作制度僵固的害處在於，勞工會用休假來處理私事，無法利用休假時間充分休息。有了彈性工作安排，公司就能保有一項好處——員工休完年假後，會精神奕奕回來工作。確實，非標準的工作模式可降低企業的流動率，而在辦公室以外的地方工作，可改善績效並減少曠職。大致上，若主管支持員工的彈性需求，曠職的情況就不常見，因為員工在工作和生活引發衝突前，就有餘裕處理私事，也更能專注投入工作（但這是奠基於彈性制度）。

在美國，勤業眾信事務所提供彈性工作安排，光一年省下的流動率相關成本就高達四千一百五十萬美元。[2]有一項跟招募有關的調查，調查了美國一千五百位勞工，結果發現將近三分之一認為，聘書裡最重要的部分是「彈性」。[3]此外，在橫向調查中，有八〇%的受訪主管表示，聘書上的彈性條件會影響到一流人才的招募狀況。[4]

滿足感是跟彈性有關的一項主題，根據勤業眾信事務所的報告，對於享有彈性工作安排的員工所提供的服務，八四％的客戶感到滿意或很滿意，只有一％不滿意。

勞工也有類似情況。根據摩根大通（JP Morgan Chase）的年度員工調查，享有彈性工作的員工，回報整體滿足感比一般員工高出許多。[5]根據紐西蘭的彈性工作安排數據顯示，彈性工作安排有利員工的工作成果，例如組織承諾和工作滿足感，後者更是工作績效的主要指標。[6]

有證據顯示，大眾普遍接受彈性概念對公司有益。《華爾街日報》（*Wall Street Journal*）針對《財富》五百大企業利潤的影響力進行研究，發現公司宣布實施彈性政策後，股價平均上升〇．三六％。[7]研究人員探究實施彈性工作安排的職場，也發現彈性工作安排（遠距工作與行程彈性）與長期經濟績效之間呈現正相關。

根據第一份針對職場實務改革所做的全面社經研究，彈性工作預期會激增，到了二〇三〇年會為全球經濟帶來十兆零四百億美元。就經濟規模與績效而言，紐西蘭的貢獻會很大，預期會增加紐幣一百六十二億至一百八十一億元（約新台幣三千零七十八億至三千四百三十九億元），幾種關鍵產業的產值尤其高，而且還會額外創造出七萬四千個至八萬三千個工作。隸屬全球最大辦公室供應集團ＩＷＧ的雷格斯公司（Regus）委託獨立經濟學者對十六個關鍵國家進行分析，深入探究這些國家現在以及直到二〇三〇年的彈性工作狀態。[8]

顯然無須太過鑽研，不管是站在什麼立場，無論是經濟、環境還是社會人文，都能充分證明彈性工作安排是有益的。人們有更多時間運動、閱讀、烹飪、跟朋友聚會、重拾愛好。員工對我說，週休三日改變了他們的人生，從我們公司的資料就看得出，員工的健康與工作滿足感已有顯著提升。

回來談社會交換理論，新工作體系可讓每位員工至少領到維生工資，企業主底下若有大量員工領最低工資或低薪，就不應該低估新工作體系散發出的善意。每週多獲得一天休假的員工無論有沒有自覺，都往往會超出議定的生產力，因此週休三日下的生產力有可能高過於週休二日。給員工時間投資自己，獲得的好處超出我們的想像。

調整退休金制度，跟上現代工作模式

週休三日和其他彈性政策具有一項特別的（我會說是根本的）優勢，就是有助於改善已開發國家的退休金、年假、病假、最低工資等問題，對於人口老化與第四次工業革命之間的衝突所帶來的外在壓力，還能適應，甚至抵銷。若是沒有這類的改善，那麼伴隨工會勞工長達數十年、精密複雜的社會保障，極有可能在零工雇主「不是我的責任」的輕率態度下分崩離析。

隨著退休人口增多，大部分的已開發國家即將面臨預算危機，其根源在於退休金與健康成本的負擔日益加重。有些國家（例如澳洲）已展現出高瞻遠矚，設立強制提撥的退休金制度，員工應得的份額跟退休金帳戶裡累積的金額有關。

其他國家仍然努力應對舊有的福利制度*，在該制度下，享有的退休金視年薪而定，而非提撥到退休金的金額。

就紐西蘭而言，自由民主政體加上戰後嬰兒潮人口、可觀的社會安全網，每日退休金成本目前是紐幣三千萬元（約新台幣五億七千萬元），預期二十年後會增加至紐幣九千八百萬元（約新台幣十八億六千萬元）。[9]國家並沒有編列預算來因應退休金成本的增加，退休金成本的增加會超過 GDP 的成長，甚至超過暴增的公衛開支。若普遍實施週休三日，照顧老化人口的部分工作可以交由家庭，進而減少國家要支出的原始成本，否則政府與納稅人就必須扛起全部的重擔。

就算有國家背書，二〇〇七年起實施的自願提撥退休金制度 KiwiSaver，也不太能彌補舊有制度的影響。KiwiSaver 規定時薪勞工或年薪勞工的預定提撥率是薪資總額的三%（澳洲最低提撥率是九．五%[10]），而在二〇一九年四月實施變革前，儲戶最多可以五年「不提撥退休金」，紐西蘭目前約有十三萬五千人落在這個類別。[11]

在短期契約和多職時代，不具可攜性的傳統退休金制度顯然行不通。若重新調整成適合二十一世紀的工作模式，就算是短期職務也能提撥金額到勞工的個人退休金帳戶，只要公司

* 例如紐西蘭，一九七〇年代貿然實施強制的退休金儲蓄制度，只維持短短三十七週就黯然收場。

提供勞工任何形式的工作，不管是零工型還是其他形式，公司就會拿到勞工的退休金編號，這是勞工的識別碼，例如社會安全碼或稅號。*

以此為基礎，所有的勞動契約（包含零工的「獨立契約」）都會要求雇主把規定的百分比金額存到員工的個人退休金帳戶。澳洲的例子就證明了這種強制型的確定提撥制，只要在適當程序通知下逐步實施，很快就能襲捲整個經濟體，而且不會承受過度的內在壓力。若所有雇主都有義務遵守規定，且所有產業都能立刻感受到其影響力，就能順利度過轉型階段。

如此一來，所有勞工（包含零工在內）至少會有一些儲備金可因應將來需求，而且不能因使用零工契約就仲裁、規避或去除儲備金。如果週休三日近期內無法在已開發的經濟體系普遍實施，那麼也應該採用公平又全面的儲存退休金方式，藉此改善勞工的財務狀況。

同時，從成本角度來看，雇主雇用零工的誘因減少，因此雇主承受的外在壓力會更大，促使雇主在傳統勞動契約的體系下為勞工提供彈性制度，滿足今日勞工的工作需求。我預期這種情況會促使週休三日更普及。

擺脫工作壓力，活出夢想人生

從表面上來看，為什麼永恆守護者公司的經驗深具意義？畢竟在全球數十億的人口當中，我們只不過是區區兩百四十人。不過，我們做了這個小小的實驗，將會為世界帶來不一樣的改變。如果把我們公司的成就往外推，甚至進入社區，那麼影響力就會是無窮的。

我們宣布進行實驗的那天就依稀感覺到了，開著名車去開會的員工受到熱烈歡迎。接著，電子郵件開始湧入，記者想知道我們在做什麼，企業主與勞工探問我們的做法，還開始在他們公司展開週休三日的討論。此後，更多人開始以公司潛在客戶的身分接洽我們。

從我們公司開始做起，隨後往外擴散。假如紐西蘭有一些大型企業（即員工超過一千人的雇主）改成以生產力為主要目標，並根據工作成果把每週工時減少到三十二小時，那會有何結果？如果大型銀行或電信公司做了萬全準備，打造出適合的環境，進行的實驗又可支持

*台灣於二〇〇五年施行新的勞工退休制度，雇主須按月提撥勞工工資至少六%至勞工個人退休金帳戶，不因更換雇主而變更。

勞工的生產力，肯定會掀起全球熱潮。從文化的角度來看，週休三日會徹底改變遊戲規則，成為我們迫切需要的推力，推動職場進入二十一世紀模式，在平等的基礎上，滿足經濟需求與人類需求。

在週休三日下，人們可享有時間優勢，在時時變動的世界穩健邁向成功。人們不用怕自己的工作將來會被淘汰，不用怕自己的產業會被人工智慧取代，反而可以利用多出來的時間重新培養、學習新的技能。週休三日會廣泛流行，影響世界各地的勞工。在紐西蘭，不管任何時期，每五位勞工就有一位患有憂鬱症、焦慮症、恐慌症或另一種心理疾病。根據英國資料顯示，工作壓力是心理疾病的主要肇因與惡化因素。[12]

社會氛圍都已經傾向週休三日，就證明了需求的存在。世界各地的公司基於好奇與支持的心態主動聯絡，澳洲政府徵求公共服務的建言，英國工會明確說出週休三日是他們渴望落實的制度，於是動能與日俱增，立法的變革即將展開，陳舊僵固、朝九晚五的週休二日模式也即將被破除。

我看得到全球各地蠢蠢欲動，因為企業與政府最高層級的思維開始改變。當我想提醒自己週休三日的真正含意，我會想著第一次去學校接小孩的爸爸，想著省下大筆托育費用又有更多時間陪伴兒子的單親媽媽，想著決定生小孩的年輕夫妻。

彈性工作安排，效率更好

- 美國軟體公司 Basecamp 的例子證明，數百萬美元的年營業額可以跟優渥的勞工福利（包含彈性制度）同時存在。
- 越來越多的證據顯示，雇主與員工簽訂互惠契約，在工作的時間、地點、分量方面提供其他選擇，這樣的彈性工作安排會在心理、社會、經濟上帶來重大影響，例如公司營業成本降低、客戶與員工的滿足感提高。
- 長期的退休金儲蓄會受到零工經濟模式的危害，因為零工經濟模式規避既有的勞工權利，但週休三日可以抵銷這個風險，而且除了標準勞工保障，同時還能提供彈性。重新調整法規就能確保所有雇主、勞工、零工都獲得支援，持續提撥退休金。

• 週休三日的工作模式，可公平地滿足現今已開發國家的個人和經濟需求，人們在工作上、退休後都能穩健邁向成功。

第9章

法律與社會上的重重阻礙

法律的不足之處

設計週休三日時，我們不得不創意思考。為了克服紐西蘭就業法的不足之處，我們唯一的方法就是在法規上發揮想像力，具體來說，我們的方案必須調整成符合法規，當中硬性規定了標準工時、上下班時間、每週的工作日，連彈性事項也都規定了。[1]

仔細檢討就會發現，那些看似美好的參考事項，事實上有誤導作用；在實務上，勞基法制定工時的方式，無法促進彈性工時方案順利推行。我想全球各地的勞基法多半都是如此，以「工時」而非以生產力為基準。

我們想到的辦法是採用「選擇參加」的方式，員工必須是主動選擇週休三日，公司不可強迫員工採用，如果員工沒有履行當初的承諾，公司有權撤回這項「贈禮」。

公司把週休三日當贈禮送給員工，員工若未達到當初議定的生產力成果，公司就有可能撤回。這種模式可讓大家更普遍認識到一點，方案要成功，就必須改變工作方法與流程，並且維持，而員工有權利也有責任留意，哪些不可控的因素會影響自己的生產力。

企業主在普遍實施週休三日時，主要會碰到以下的外部阻礙：世界沒有一個國家的勞基法明文規定這種模式，甚至也沒有可以參考的依據。永恆守護者公司打算長期實施週休三日時，沒有前例可尋，為了確保順利施行，員工必須秉持初衷、做正確的事，在實驗期間，員工共同證明週休三日確實有效，我們也沒有違反法律。

我們分別請紐西蘭的兩大法律事務所加入，針對將來打算實施的生產力政策，提出法律意見，特別是要設法了解公司該怎麼保留「每週高生產力」（我們內部對週休三日政策的稱呼）的撤除權利，而不會受到反彈。

其中一家法律事務所在法律意見書的摘要表示：

> 永恆守護者公司若要保有彈性（亦即有權撤回週休三日的「選擇參加」模式），就要確保指導文件載明公司保有裁量權，在招聘期間完成管理階層聲明書，監督實踐情況以免出現無益的工作模式，還要就撤除政策的決定提出正當理由。

領導階層有責任確保該政策不會成為雇用員工的事實條件，致使領導階層無法撤銷的。這點至關重要，週休三日模式本身即涵蓋「業主」（公司決策者）的權利，只要個別勞工達不到當初議定的條件，業主有權隨時撤回該政策。若要把週休三日當「贈禮」，送給採用該制度並持續遵守條款的員工，就必須確保該政策並未列入聘僱契約的內容。

這說法聽起來也許違反直覺，但要在目前的紐西蘭法規限制下實施週休三日，唯一的方法就是聘僱條款與條件（包含薪資在內）維持不變，工作契約所列的工時仍維持原先的標準時數。

先前週休二日的個人聘僱契約維持不變，就能確保員工繼續以平常（亦即全職）的速度累積休假和其他權利。選擇週休三日的員工會簽署「選擇參加」的表單，表單載明員工與公司在新的模式下有哪些義務。

從公司領導者與董事的角度來看，我們對法律與契約問題採取的做法是一大躍進，也是明智的。我們之所以能在不違反法律的情況下實施週休三日，是因為設計了全新的「選擇參加」方案，該方案彌補了既有勞動契約的不足之處，卻沒有更改或凌駕既有勞動契約，而且如果「每週高生產力」的方案在成效上不如實驗期的話，我們也可以「退出」。

這種做法的缺點是，契約的核心條款並未改變，我們必須以「平常的」週休二日為基礎，往上增加休假。實際上，我們是在員工一年多出約四十天的休假上，疊加週休三日的休假。

此例自然呈現出法律的僵化，限制企業嘗試提供員工更大彈性，而就我們的情況，甚至還因為嘗試受到處罰！

寫作本書時，已開發國家的立法者並未公開採取行動來促進新的工作模式（例如週休三日）。選擇模仿我們做法的公司大多應該依循類似過程，以便在法律上保障公司，並守護勞工既有權利。

立法者沒有及時因應現代職場的需求，這點應該不太意外。許多科技公司漠視既有法規，立法者卻沒有採取行動，這就代表立法者多半尚未體認到，有必要採取更主動的干預手段來保障勞工權利。如同早期工業時代，漠視工作規定的公司會重新更改工作規定，科技公司巨頭剝削零工，而零工是今日勞力與數位化結合後的概念。

不過，有一些跡象顯示，人們愈趨反對僵固制度，以及工作和生活失衡的情況，例如：美國二〇一七年的《行程行得通法案》（*The Schedules That Work Act*），該法案保護的是要求更改工作行程的勞工，以及工作行程不穩定又不可預測的產業裡的勞工；[2]德國最大工會「金屬產業工會」和大型雇主團體在二〇一八年簽訂契約，實施一週工時二十八小時的選用制度，讓金屬與電子產業九十萬名勞工受惠。[3]

在勞工眼裡，德國金屬產業工會的「勝利」有個地方令人不滿，而且這樣的負擔重得讓企業難以扛起，尤其是每週二十八小時的工時比標準的三十五小時少了二〇%，勞工因工時減少，收入減少；企業則因工時減少，產值降低，而這種契約制度久而久之還可能擴及其他產業。若是如此，大家會更能感受到「德國金屬產業工會」模式跟永恆守護者模式之間的差異；雖然「德國金屬產業工會」會員選擇減少一週工時後，工作和生活的平衡可能有所改善，但獲得的薪資卻是以工時為準。

我們有理由認為工會與產業雇主是兩邊押寶，用減少工資的方法來應對縮短工時對生產力帶來的影響，同時約定每週較短工時最多實施兩年，之後勞工必須回到每週三十五小時的工時制。[4] 雖然前述產業與德國經濟大致上持續落實令人欣羨的高生產率，但這可能是因為過去對科技的投資金額較高，而不是個別勞工實際生產力有所改善。

如果不是先改善了生產力或工作投入度，才施行減少每週工時的政策，那麼我們確實該探究如何證明該政策（無論是立法還是協商而成）能有效提高生產力或投入度。要是沒有明確的條件，又不要繼續放任有害生產力工作習慣與模式，該怎麼做才行？如果每週工時縮短後，還是發生制度性的效率低落，每天花幾小時逛社群媒體、開著冗長的會議、從事其他沒生產力的活動，那對公司就沒什麼益處。在這種情況下，生產力必然會降低，政策必然會告吹。

勞權從第一次工業革命演進至今日，在彈性制度上一直沒有明確規定。在大部分國家，公司若想提供彈性的制度，就必須經歷複雜的過程和高昂的代價，才找得到合法的方法，把勞基法未規定或不允許的休假天數贈送給員工。

有一點頗有意思，我們一直在思考勞權、鼓吹勞權，那麼公司老闆與領導者有權利在法律之外，制定彈性且更有同理心的聘僱條款，改善公司與員工的情況嗎？

解放工資奴隸

人們會去抵制使用童工或壓榨勞工的產品，但為了趕時間卻會買方便外帶的食物或叫車，重視便利的程度遠超過同胞的權利，我總覺得這樣很矛盾。工資奴隸*有許多形式，就算看不到實質的鎖鏈或鞭子，不受保障的勞工還是會發現自己被鐐銬束縛。

「零工」是勞工努力掙脫的一種陷阱，主因在於缺乏公司提供提升技能與訓練的機會，以及因此獲得的事業晉升機會，所以很難改善財務狀況。反之，週休三日提供的是正職員工應享有的福利，除了擁有彈性工時，還提供專業發展與進修教育的機會。

越來越多的證據顯示，零工陷阱的規模日益擴大，吞噬更多勞動力，尤其是年輕人和沒有工作經歷的新移民。不過，要解放工資奴隸，還是要從能主導工作的人下手，也就是要先去應對恪守傳統勞基法的雇主。

同理，週休三日若要成為將來工作的主流，立法者就必須把既有法律修改得適合各種彈性政策，畢竟許多雇主可能會想實施彈性政策，因為發覺重視生產力且縮短每週工時可能獲得不錯的回報。

簡單來說，如果要在工作中給予適當的自由，同時盡到勞工與雇主的責任，必須全面改變既有的立法模式，並且要視各國情況而定。

勞基法的主要目標應該是闡述原則，而非明定細則，此外還要讓雇主與員工有空間對有利雙方的彈性條款取得共識。批評週休三日或其他彈性工作模式的人也許會認為，提供彈性制度會削弱勞基法，但這種論點不僅錯誤，更是扭曲事實。實務上，目前很多立法都是由於太過硬性規定，使雇主有機會在合法範圍內，利用零工契約規避提供彈性制度，進而損及經濟體系與勞動力。

我認為，一旦退休金儲蓄、年假、病假等津貼都放入契約裡，並加上最低工資保障，這樣雇主就不會想解除勞基法的契約。不會有漏洞任由勞工不受保障，所有雇主都要分擔保護勞動力的責任。公司會有更多餘裕跟勞工簽訂互惠條款，當其他人開心遊走在法律邊緣時，

* 指個人的生計皆仰賴薪水。

企業不會扛起不公的重擔。

我們打造的體系要能允許最大程度的彈性，還要確保勞動力都享有基本保障，社會公益得以持續落實，至於政府是否有責任照顧人民，這點應該不用懷疑。人們必須要有機會賺到一定程度的金錢，維持最低標準的生活品質，還要有足夠存款支應退休、生病、受傷等狀況，如此一來，個人或公司無論現在或將來都不會承受過度的財務壓力。

許多政府都把各種問題往後拖延，因為解決辦法或複雜，或昂貴，或無法讓選民買單。但就算無法確保人民享有退休金與病假福利等財務保障，就算將來財政負擔因此要由全體納稅者承擔，選民還是不該允許政治領袖忽視勞權遭受危害。

受到最大影響的會是千禧世代與Z世代，這兩個世代見識過獨立零工模式取代傳統勞動契約，即使他們還希望個人累積的資產能比得上嬰兒潮（史上最富裕的世代），有權有勢的零工老闆重新制定的聘僱規定也將扼殺那份希望。

要在守護權利的同時允許彈性，該怎麼修改法律？首先，法律不該過度硬性規定平常上下班時間或每週「標準」工時，況且在現代多元社會，週日作為安息日的神聖性已漸漸淡了。雖然有確切的論點認為法規定義了每週標準工時（例如，五個工作天，從上午八點半到下午五點），但人們應該可自由選擇在其他時段工作。

實務上，若沒有工會組織，或不用依循中央勞資談判的安排，公司就能利用契約不支付週末津貼，規避工時法規。那為什麼員工不能在法定保障的工作日時數與每週工時範圍內，選擇參加非標準工時的工作？

在這基礎上，零工經濟下的勞工可以選擇工作時間與地點，也不用放棄勞工依法享有的福利。公司可以提供有規定工作時間（含週末）的契約，但若沒有足夠的勞工選擇參加，那就可能需要提出進一步的經濟誘因，例如津貼。雇主必須給多一點才能獲得更多，在現實世界，法律彈性條款最可能獲得的結果，就是談判者之間輕微拉鋸，任一方都不會享有太大的權力。

重點在於雇主與員工都應該落實彈性工作環境，比法規制定的基本原則還要更公平、更有益的環境。如果要真正處理經濟生產力，以及和工作方式有關的社會問題，那麼首先要修改的地方應該是制定基本條款，例如上下班時間、每週工時長度（不得超過一週工時上限），可由雙方協議調整。

如果無法讓法律貼近現況，零工經濟就會在不受監管的情況下成長，而「敏捷制」契約做出的模糊保證，就會吸引更多仰賴傳統聘僱契約的公司。敏捷制的流行所帶來的社會效益不太明顯，而且要是廣泛施行，加上被誤導的執行長與人資協理又一頭熱，那麼週休三日鞏固的員工保障就可能減弱並消散。

以消費者良知，抵制不道德商家

各地政府面臨的問題，是如何接納二十一世紀科技型企業，同時還要認知到法規的鬆懈或落伍（或創業者基於反叛心態），公司不受約束時，就會帶來社會上和經濟上的挑戰。本書探討週休三日在聘僱做法的改善上扮演的角色，但也得談談消費者。若要確保將來的聘僱做法適用多數人，消費者也扮演重要角色。

我們身為產品與服務的使用者，應當擔起共同責任，評估自己消費的企業在經營上是否合乎道德，還要判斷企業如何對待員工或約聘人員、所屬社區和環境。我在前文即已主張便利是二十一世紀的無形鴉片，我們做出的消費決定，有多少是因為想以最低價格買到立即的滿足感？為了環保，為了全人類，我們內心的善良天使有多常獲勝，選擇較高價位或較慢送達的商品？

前文已討論過，「便利」似乎凌駕了消費者其他考量因素。「便利第一，不顧後果」的精神是否成了企業界的新宗旨？回想過去幾年一些大公司的道德醜聞，福斯公司廢氣排放造假的新聞、丹麥丹斯克銀行（Danske Bank）的洗錢行徑、臉書的一連串問題（包含資料外洩、有干預選舉的嫌疑），可以知道，要避免損人利己的行為，堪稱難上加難。

據聞公司的經營必須合乎道德才能保障公司的生存，但那是假定消費者會要求企業有優良行為表現，並在企業無法證明自身品德時，抵制企業。不過，事實相反，還是有人購買福斯汽車，在網路貼文加上主題標籤「#DeleteFacebook」也沒有形成刪除媒體的潮流。

當然，這些全是概括而論。長久以來，消費者會以抵制的方式表達訴求，有很多例子都顯示公司會正派經營並不斷尋求改善。不論商業人士、消費者、立法機關或董事會裡有影響力的人士，都會需要顧及公益。

我們有很大的優勢，畢竟公司要掩蓋不法行為，可說是難上加難。舉例來說，《電訊報》（*Telegraph*）分析了社會在快時尚下，所要付出的真正成本，著重介紹英國線上零售商Boohoo，其承認以虧本銷售法販賣五英鎊（約新台幣一百八十五元）的洋裝，吸引消費者更仔細瀏覽網站，買下價位稍高又有利潤的商品。[5]

數十年來，虧本銷售法向來是零售的核心手法，但網路重寫了舊有的商務規則。現在，消費者會去搶購十分低廉的衣服，商圈店家與實體零售連鎖店則無法與之競爭，瑪莎百貨（Marks and Spencer）、玩具反斗城、沃爾瑪（Walmart）超市、星巴克、蓋璞等店家陸續關店就是最好的證明。個體經濟帶來的影響也同樣苛刻，因為製作低價服飾的員工賺到的錢，通常低於維生工資，而且並非只有在開發中國家。

據《金融時報》調查，既是英國工業中心又是歷史悠久服裝業據點的萊斯特，其服飾業有一部分「已跟英國就業服務法脫鉤，某位工廠老闆更表示，萊斯特有如『國中之國』，

『一小時五英鎊就算是很高的工資』，就算那樣不合法」。[6]英國法定最低工資是二十五歲以上者是一小時七．八三英鎊，*而《電訊報》對萊斯特的某家工廠提出質疑，對方的解釋就是就業服務法並未執行。[7]

簡單來說，他們不惜觸法，也要滿足快時尚零售商（這即使不算是割喉式市場，也稱得上是高度競爭的市場）的需求，而主管單位對於勞力剝削的趨勢也睜一隻眼、閉一隻眼。[8,9]如果主管機關不審慎監管並執法，某些公司老闆就會趁機欺凌勞工，等到這種現象成了自然的結果，眾多權勢者串通起來以不道德的方式做生意，後果就是引發全球金融危機。

以下的看法並不荒唐：零工的工作模式又是另一例證，證明數以百萬計的人們，被相對少數的公司與領導者拿來做經濟上的實驗；或者像我那樣，把週休三日看成是一種解方，能讓生意回到正軌，重新恢復公司與勞工的權力平衡，企業也用不著犧牲生產力或獲利。

從資料數據看來，大型公司的董事與執行長已體會到壞消息很快就會被遺忘，所以只要

* 約新台幣二百九十元，英國二〇二〇年四月提高為八．七二英鎊（約新台幣三百二十三元）；台灣二〇二二年起提高為新台幣一百六十八元。

他們不顯露出弱點，就算犯了過錯或有所瞞騙，也往往可以矇混過去。會有這種想法是因為，新聞饋送對象會經過篩選，很少議題能吸引消費者的注意力。新聞報導要是觸及不到社群平台上的廣大讀者，也許就不太能引起共鳴。

如果有許多消費者用稍微嚴格的態度，評估經營者的勞力成本或環境成本，那麼其他消費者會越來越留意這方面的成本，而企業家正在從中找出重要的商機。英國 Higher Studio 時尚出租公司創辦人莎拉．亞諾（Sara Arnold）對《電訊報》表示，她的企業可讓顧客自主「享受時尚又不用擔心對環境造成影響」，因為該企業出租服裝的做法不會讓人犯下快時尚的教唆罪。[10]

從永續的角度來看，這並非完美概念，因為品項的寄送是採隔天送達，租完後一律送乾洗，不過時尚界基於環保意識而產生需求，至少表示時尚業有所改變，只是相當近期才發生罷了。二〇一二年，亞諾從中央聖馬丁學院（Central Saint Martins）畢業，「永續的主題只是我在大學修時尚設計與行銷課程期間關心的話題，同學幾乎沒有提出永續的要求，活躍但少數的我們覺得自己像局外人。」

如今的她表示：「理想的永續做法所構成的生態系統……是在大學裡培養出來的。」她引用二〇一八年波士頓顧問公司（Boston Consulting Group）的報告作為證明，該報告發現七五%的時尚公司在二〇一七年的永續分數高過二〇一六年。[11]正是這種思維在支持週休三日或其他守護勞權的彈性工作模式。亞諾也許會說這些永續的做法很理想，卻也逐漸成為許多公司日常的現實。

近年來持續成長且有益消費者的測量機構是「B型實驗室」（B Lab），此組織負責評估企業的社會公益，根據公司對勞工、顧客、社區和環境造成的影響進行評量，頒發「B型企業」（B Corporations）認證。如今，獲認證的B型企業遍及五十多國、超過兩千五百家，如美國的巴塔哥尼亞（Patagonia）、巴西的大自然（Natura）、法國的達能（Danone）等。

B型實驗室和B型企業體認到，「社會中最艱困的問題，光憑政府和非營利組織是解決不了的」，因此「要加快全球文化轉變速度，對商界的成功重新定義，並且建立更兼容並蓄又永續的經濟。」[12]

B型實驗室表示，這包括要提倡最高標準的公開透明化與法律課責，而我們細究過後，發現這點不是所有企業與產業的強項，所以消費者不一定有能力區分出誠實的經營者，我們也不太能怪消費者。

也許購物決策的道德要素在於「事情好到太不真實」：當你買下那件異常便宜的商品，是別人在幫你付出代價。萊斯特的紡織業勞工也許就因此不會生養子女，畢竟一天四十英鎊（約新台幣一千五百元）要怎麼讓家人有地方住又能溫飽？

只要我們開始倡導，這個不平等問題將可以解決。我提出的週休三日論據是倡議的一部分，更是為了防止不必要的金融危機再發生，導致數百萬人受苦。實施週休三日的理由是為了提高生產力、獲利和勞工幸福感，但週休三日也是在熱切呼籲商界遵守道德規範，並將其視為伸手可及的願景。

- 「選擇參加」模式是把週休三日看成是員工獲得的「贈禮」，若未達到議定的生產力成果，就會撤回週休三日。
- 對法律進行修改，週休三日和其他彈性工作模式就能在許多國家與經濟體施行。全新或修改過的法規應該是闡述原則，而非明定細則，此外還要讓雇主與員工有空間對有利雙方的彈性條款取得共識。
- 週休三日若要成將來的工作主流，立法者就必須把既有法律修改得適合各種彈性政策。畢竟許多雇主可能會想實施彈性政策，因為發現重視生產力且縮短每週工時可能獲得不錯的回報。
- 在現實世界，法律彈性條款最可能的結果，就是談判者之間輕微拉鋸，任一方都不會享有太大的權力。
- 我們應當擔起共同責任，評估自己消費的企業在經營上是否合乎道德，還要判斷企業如何對待員工或約聘人員、所屬社區和環境。

• 週休三日是道德企業經營的論點與表現。隨著產業持續邁向更永續的模式，可支持生理上、心理上、經濟上的幸福感，並制止零工類僅能糊口的工作性質。

第 10 章

打破工時越長，生產力越高的迷思

過去一年，我造訪了全球各地大規模的商業中心，跟創辦人、執行長、慈善家和企業家聊一聊週休三日與將來的工作景況。就個人而言，他們有很強的求知欲，也很開明，想學會把業務模式改成注重生產力，而非注重時間。不過，一討論到把週休三日的概念應用在組織中，就碰到了強烈的智識抗拒（Intellectual Resistance）。許多領導者會熱情地祝賀我，然後說他們認為週休三日了不起之處在哪裡，又為什麼在他們的企業行不通。

對於「高生產力時間」能維持獲利並讓股東滿意，他們內心抱持懷疑或恐懼，而這種抗拒感就是週休三日最大的內部阻礙，因此通常大公司會是最慢才實施週休三日的。銀行、保險公司和電信公司誤以為獲利會因此受到威脅，唯有等到流失人才，員工身心俱疲的比率高得無法承受，才開始考慮施行彈性與生產力政策。

一些企業家認為每週超長工時是「巨大的福氣」（阿里巴巴創辦人馬雲）[1]，這樣才能「改變世界」（特斯拉汽車執行長馬斯克）[2]，這種想法只會讓「延長工時可提高生產力與獲利」的迷思長久存在。馬雲和馬斯克似乎沒理解一點，很少員工能比得上兩人對工作的毅力或熱愛，或者說，就算員工能做到，應該也不會想做。

為了工作而犧牲休息時間、家庭時間、社區關係和社交活動，通常會被稱為工作狂，而且還有大量資料可證明過勞對人體的毒害。馬雲呼籲中國勞工採用「九九六」工作制（早上九點工作到晚上九點，一週上班六天），馬斯克提議一週工作八十至一百小時，這有可能增加許多疾病的風險，比如說第二型糖尿病、癌症、認知障礙（例如失智症）。[3]

前陣子哥倫比亞大學醫學中心（Columbia University Medical Center）針對工作型態主要是久坐的八千名勞工進行研究，結果令人擔憂，長時間坐在辦公室對身體造成的傷害如同抽菸。[4]

此外，工作時數越長，生產力、創意和效率就會越高，這種說法並沒有可信的證據，而且實際情況恰好相反。[5] 馬雲和馬斯克的言論最能呈現出十九世紀的工作態度，與其說是反映出現今複雜快速的產業型態，不如說是倒退到古老英國暗無天日的工廠情景。

有些傑出的創辦人與企業主對週休三日的抗拒也不比大企業小，那就是平面媒體的老闆，當網際網路開始逐漸侵入他們的版圖，他們卻有了錯誤的理解，導致無數次損失數百萬潛在營收、多家媒體倒閉、傳統新聞業的規模遽減。但懂得利用數位媒體力量（不管好壞）、具有遠見的人與創辦人倒是一帆風順。

未來其他的工作景況也有類似的臨界點，而我們正在接近中。許多產業與公司正在進行彈性政策的實驗，小心翼翼走向週休三日。我跟當中一些人對談時，他們提醒了我，生產力政策主要在考驗領導力，成功關鍵取決於領導者是否能理解該政策在自家企業的應用潛力，並傳達給員工和其他決策者。

我算是非正式的週休三日顧問，可以近距離觀察這股趨勢。第六章提過，英國某單位的政策主任聯絡我，想了解我們提出的「革新」概念，二〇一八年永恆守護者公司擬定週休三日政策時，我跟他保持聯繫。二〇一九年年初，我們會面討論週休三日的可行性，當時他即將向董事會提出充分理由，建議每位員工週五都應該休假。

我向主任說明，整個組織不願接納每週多休一天，這有違生產力政策原則，而該原則有一部分奠基於維持標準客服水準。我覺得他的提案不可能獲得董事會支持，於是想了其他幾項可順利推動週休三日的「規則」，用電子郵件寄給他。

之後，他回信表示，單位已決定不施行週休三日，內部沒有強烈的支持力道。

第一道阻礙來自決策層級抗拒的例子可說是發人深省。那位政策主任沒有說內部是否強烈反對實驗，沒有說是不是其實只是「不願發出最終許可，因為怕行不通就要負起責任」。不管原因是哪一種，都是只想保持現況。沒人要跨出第一步，員工注定只能繼續用守舊的工作制度。

此例也顯露出第二個常見的阻礙，亦即對「週休三日」的定義抱持錯誤的觀念。如果誤以為週休三日是「三天的週末」，就不可能成功實施週休三日，若還期望組織在標準的工作週跟客戶維持相同的溝通與服務，在施行上會更困難。很多公司連週末都會繼續營業，想讓執行長或董事會支持週休三日，讓大部分或全體員工同一天休假，可想而知機率不大。

最後，我跟一些創辦人與執行長對談時，特別強調辦公室設計是潛在的內部障礙，會妨礙組織達到最佳的健康狀態，具體來說，開放式辦公室就是生產力的敵人。

如果員工的辦公桌或小隔間彼此距離很近，在聽力可及的範圍內，又沒有規則約束員工相互干擾，生產力就會受影響。當勞工專注從事複雜工作卻被打擾，需要約四十分鐘才能回復到被干擾前的生產力與專注力程度。倫敦精神病學研究所（Institute of Psychiatry in

London）研究後發現，工作時反覆遭受干擾，分心者的智商會因此降低十分。而有多項研究顯示，使用大麻會導致智商降低五分，分心者降低的分數竟是大麻使用者的兩倍。[6,7]

當我首次讀到英國與加拿大的職場生產力研究，想知道有哪些阻礙因素，為什麼大家去上班了，其實卻沒在上班？大約可以分成社會、組織和個人三種因素。多項研究發現，勞工在一般上班日的工作情形通常是：跟同事聊天、喝杯咖啡、快速瀏覽新聞網站、查看電子郵件、開會、打私人電話……這些習慣可能一天重複好幾次。

雖說不是故意浪費時間，卻也呈現出工作空間設計方式的不良。很少人把自己關在辦公室裡或待在生產線上，工作通常包含大量互動與鬆散的社交時間。這樣或許可以提振職場士氣，但除非社交行為是為了某項目的（例如午餐時間走路會談），否則期待員工始終維持高生產力，似乎不切實際。正如先前所見，英國有項調查發現我們會把令人分心的事物（例如社群媒體）帶進工作生活，七九％的受訪者承認工作期間不是一直都很有生產力，五四％表示自己會期盼令人分心的事物，這樣才更能忍受上班日。[8]

正如第六章所述，週休三日實驗的成功與否，有一部分要看開放式環境裡的員工，是否願意共同朝低噪音、無干擾的工作環境努力。為達最高生產力所制定的策略，很可能包含採用新興科技和老派解決辦法（例如智慧型手機的「請勿打擾」功能和筆筒上的旗幟），甚至要促使大家公開討論哪些職場行為令人不滿並隱忍已久。人資部門也不用擔心實行上會很困難，畢竟人人都有共同的目標，就沒什麼衝突的可能性。

要根本改變工作方式會碰到一些較難馬上克服的阻礙，但可以漸進瓦解，方法是舉辦工會勞工活動，並提出更多的證據來證明有更好的工作方式和生活方式。我不會低估千禧世代與Z世代在氣候變遷上扮演的角色，他們減少了交通壅塞造成的碳排放量，促使多數人的上班時間與地點有了可提高生產力的彈性。

當他們進入職場工作，願他們十分幸運，碰到的領導者願意考量有根據的資料，挑戰既有的規範，針對真正能改變世界的全新商業做法進行實驗。

打破工時越長，生產力越高的迷思

- 公司領導者的智識抗拒是週休三日最大的內部阻礙。
- 馬雲、馬斯克等企業家抱持的想法，只會讓「延長工時可提高生產力與獲利」的迷思長久存在。此外，工作時數越長，生產力、創意和效率就會越高，這種說法並沒有可信的證據，而且實際情況恰好相反。
- 生產力政策主要是在考驗領導力。生產力政策的成功關鍵，取決於領導者是否有能力理解該政策在自家企業的應用潛力，並且傳達給員工和其他的決策者。
- 常見的阻礙就是誤以為「週休三日」是「三天的週末」。這種情況下就不可能成功實施週休三日，若還期望組織在標準的工作週跟客戶維持相同的溝通與服務，在施行上會變得更困難。
- 根據資料顯示，開放式辦公室就是生產力的敵人。開放式辦公室容易導致大量的互動與鬆散的社交時間，若期待員工始終維持高生產力，似乎不切實際。
- 週休三日實驗能否成功，有一部分是要看開放式環境裡的員工，是否願意共同朝低噪音、無干擾的工作環境努力。

結語
人類要存活，工作就得轉型

二〇一九年秋季，我造訪紐西蘭首都威靈頓（Wellington），跟某位國會議員討論週休三日。我坐在候客室，旁邊是另一位議員的訪客。

我們相互寒暄，他問起我來訪的理由。當我解釋每週高生產力概念時，他對我投以懷疑的目光，問道：「你覺得各行各業都適合用嗎？」

「對。」我說。

他往後靠著沙發，安靜不語。大約一分鐘後，他再次轉頭望向我。「那要怎麼用在酪農業？因為乳牛一天要榨乳兩次！」

我不知所措，我從沒好好想過酪農業每天要做的工作，卻也明白對方何以會有這種反應。他出於本能，費盡心思想證明我的概念有缺陷，想找出行不通的證明。在懷疑者的眼裡，週休三日很挑釁，甚至古怪，自然會用自己的經驗和成見，建構出反對的論點。

不過，回到酪農業的例子，工作型態其實早已有所改變。一百年前，人類畜養的牛群規模較小，負責飼養、榨乳和照顧牛群的農場工人較多；二十世紀，畜牧走向工業化，榨乳設備機械化，運載工具和其他機器裝置愈趨精密、高效，因此畜群規模擴大，但農場所需的工人數量縮減。隨著技術的進步，飼養與農事也獲得改善，產乳量隨之增加。

現在我們處於完全自動化與不斷變化的時代，應用程式與無人機科技改進了畜牧業的作業方法，還有A2鮮奶（號稱不含引發令人腸胃不適的蛋白質）等開創概念，提高產量與利潤的標準，而勞力需求依舊進一步衰退。

由此可知，人均產值*已經提高，所以高效率、高自動化的牧場作業照理來說，應能調整為排班型的週休三日，同時還能維持牧場的獲利，改善工人的生活品質。

我勢必要向懷疑者提出這個問題：「多年來，科技與流程一直在進步，難不成現在會停止創新嗎？朝九晚五的週休二日、尖峰時間的辛苦通勤，難道就代表商業的繁榮嗎？難道沒有可以改善的地方嗎？」

說也奇怪，或許我們一直以來都在無意間做了正確的事，提出週休三日的概念也是如此。在勞動力的研究中，經常有人提到英國經濟學家約翰・梅納德・凱因斯（John Maynard Keynes）在一九三〇年所做的預測，他說隨著自動化的興起，人類每週只需要工作十五小時。[1]表面上看來，他的預測大錯特錯，但主要原因是他無法預知，日後的工時多半透過數位連線外溢到個人生活。之前很多專家都預測，好用又便宜的科技可讓人享有大量休閒時間，沒想到結果卻恰好相反。起碼已開發國家的多數產業皆是如此。

不過，細看的話，凱因斯的預測錯了嗎？他做出預測時，是著重在生產力，當時大多數國家主要是以工業為基礎，要測量生產力比較容易。

英國與加拿大的研究人員曾經嘗試測量上班族的實際產出，凱因斯要是讀了這兩項分析週休三日的研究，也許就不會對現況感到意外了。一項研究是，一天預估只有一・五至二・

* 通常用於衡量績效，計算個人生產力時，可用「淨利」除以「工時」。

五小時是有生產力的時間，而另一項研究的預估較高（但還是很低），是二小時五十三分，因此每週真正在處理工作上的工時頂多十四．五小時左右。

有證據證明其餘的工作時間多半是用來「填補」工時，例如開著冗長乏味的會議、打私人電話、瀏覽社群媒體、在茶水間聊天，因此凱因斯說的話好像有一番道理，根據資料顯示，有生產力的工作時間加起來與他預測的工時差不多，職場上大部分的時間都用在休閒、消磨時間、浪費時間的行為，只是為了達到雇主期待的四十（或以上）小時的標準工時。

一週工時的概念跟不上科技對工作造成的變革，怪不得會發生只有十五小時的生產力。在先前的工業時代，工作主要是靠勞動與手藝；今日的勞工多半是使用電腦或行動裝置工作。人很難一直專注投入在有生產力的工作上，今日勞工的生產力也比過去的勞工（例如採煤工人）難以測量。這種工作模式，加上科技與職場環境不斷干擾，致使分心的情況加劇，有礙生產力。

總體來說，家庭結構逐漸改變，通勤時間拉長，工作侵入家庭生活，使社區不像過去那樣緊密，也無法共同支援。身為雇主的我認為，這種情況使得職場成為今日勞工的主要社交互動來源。

同時，凱因斯不可能事先知道消費量會成長到今日的程度，我們竟然成了過量消費的消費者，需要的商品越來越多，甚至犧牲健康和環境資源。工作問題的核心也許在於消費水準與相關廢棄物，購買產品所需的資金和製造產品所需的人力，促使工時加長，而這樣的活動又會對環境造成有害的影響。

如果情況真是如此，我們是否願意為了改善人類生活品質與氣候災難，降低消費水準來換取工時徹底減少？

以宏觀的角度來看，地理學教授、歷史學家、科學作家賈德·戴蒙（Jared Diamond）在其最新著作《動盪》（*Upheaval*）設下了最後期限，如果到了二〇五〇年，人類還沒落實全球化，還沒想出永續使用資源的方式，這個世界就會走到盡頭。戴蒙還表示，如果人類想永續生存，就必須合作以共同體的角度解決以下四大問題：核武浩劫的風險、氣候變遷、不環保、不平等。[2]

就算戴蒙說的只有一部分正確，但仍猶如一記警鐘。在我構思出週休三日約十八個月後，有一點顯而易見，如果要處理工作壓力、心理疾病等重大公衛問題，並開始重新平衡財富分配，身為全球共同體的我們，必須重新思考自身的生活方式。

從法國大革命到經濟大蕭條與二戰，無以計數的例子中，都有不容置疑的證據可以證明，穩定的全球秩序與人類的普遍幸福感，端賴於我們能否保有期待。在已開發國家，我們的期待是到處都有工作機會，賺取足夠的收入，讓家人溫飽，教育子女，享有良好的健康照護。許多人抱有這樣的期待，一旦遭到推翻或無法達成時，政治和社會上的秩序就會不穩定，還可能造成慘重的後果。

本書已論證了生產力導向、減少工時的工作模式可為公司與產業帶來哪些價值，也探究了不受約束的零工經濟具有哪些風險，也向得來不易且脆弱的勞工保障發出警示。現在，該討論工作方式，以及個人與環境所蘊藏的危機有何關聯。

毫無疑問，我們正處於新工業時代，經濟上衍伸的後果無法預測，沒人會公開宣稱人類的幸福感（尤其是跟工作相關的幸福感）已達到理想程度。就目前所知，臨時或片斷的做法不足以因應眼前的種種威脅，如果因應氣候變遷必須採取激進的行動，那麼改變工作方式就必須採取同樣激進的做法。

說也奇怪，人類的危機竟然是自己造就的。人類向來很有生產力，不僅擊退死亡率，還用資源來促進生存，因此現在務必重新思考，該怎麼採取一些極端又直接的方式，免得再聰明反被聰明誤，否則就會開始失衡，也許是環境與人類間的平衡，也許是全球秩序，也許是另一件意想不到的事。

起碼有些政府和人民最後理解到全球的巨大困境。早自一九六〇年代，美國海洋生物學學家瑞秋．卡森（Rachel Carson）撰寫文章分析現代環保運動，近至二〇〇〇年代中期，美國前副總統艾爾．高爾（Al Gore）發起運動，為環保運動增添政治分量，科學家達成共識，否認氣候變遷的人已經變得很少了。

氣候變遷不再是像寵物須知，只有特定族群關注，而是有望成為核心議題。川普政府退出巴黎協議，完全沒有妨礙氣候變遷的進展，反倒可說是加快腳步邁向真正的全球協議，拯救地球及其物種。美國的州長、市長、執行長可藉此聯合起來，彌補聯邦政府的不作為。[3]請忘了「讓美國再次強大」的口號，此次的反叛聯盟想要「讓地球再次壯大」。

人類終於體會到氣候責任的接力棒無法傳遞給下一代，因為到時不會有人接下。

撰寫本書之際，有兩份氣候報告如手榴彈般落地。二〇一八年，「政府間氣候變遷委員會」（Intergovernmental Panel on Climate Change）發表專題報告，做出可信度很高的預測，依照目前速度來看，二〇三〇年至二〇五二年間，全球溫度會比工業革命前高出攝氏一．五度。委員會表示，與氣候相關的「健康、生計、糧食安全、供水、人類安全、經濟成長等風險」會隨之上升。[4]

該份報告進一步表示，「有幾個途徑可把全球暖化程度限制在攝氏一．五度……能源、土地、城市與基礎建設（包含運輸與建築）、產業體系必須實踐快速又廣泛的轉型。」

接著，二〇一九年五月，「生物多樣性及生態系統服務政府間科學及政策平台」（Intergovernmental Science-Policy Platform on Biodiversity and Ecosystem Services, IPBES）發表《全球生物多樣性及生態系服務評估報告》（*Global Assessment Report on Biodiversity and Ecosystems Services*），這是為期三年的研究，有五十個國家、一百四十五位專家學者，以及三百一十位撰稿人參與，是同類型報告當中最全面，也最直言不諱的。根據該份報告，約有一百萬種動植物正瀕臨絕種，很多會在數十年內消失，數量之可觀，是人類史上前所未有。

共同主席喬瑟夫・施泰勒教授（Josef Settele）在評鑑中表示：「生態系統、物種、野生群體、當地品種、栽培的植物與馴養的動物之品種都逐漸萎縮、衰退或消失。緊密連結的地球生命網逐漸縮小，愈趨走向瓦解。這樣的損失直接肇因於人類活動，直接威脅到世界各地人類的幸福感。」[5]

聯合國對該份報告摘述如下：「全球性目標是保護及永續利用自然資源，但依循目前的軌跡是達不到的。」這份摘要呼應了IPBES主席勞勃・華生爵士（Sir Robert Watson）的看法：「唯有經濟、社會、政治、科技要素都轉型變革，才能達到二〇三〇年及往後的目標……目前生物多樣性及生態系統都呈現負面趨勢，而貧窮、飢餓、健康、水、城市、氣候、海洋、陸地相關的目標有八〇%都被拖累進度，由此可見，生物多樣性的損失不僅是環保議題，更是心理、經濟、安全、社會和道德議題。」[6]

本書一開頭即聲明現今工作方式再也不符合人類健康與幸福感，再也不符合業界理想的生產力與獲利。實際上，處於極端困境，背負內在壓力、過度努力、身心狀態不佳等狀況的每位勞工，正是地球的縮影。現在，重視地球福祉的學者已經證實，人類要存活下來，絕對必須徹底改造生活和工作的方式。

回來談談議員辦公室外頭，跟我同坐在沙發上的那個男人，假如我們跟隨他的腳步，以後肯定都會跟著牛群一起倒下去。反之，只要認真看待週休三日和其他生產力導向的彈性工作模式具備的轉型潛力，也許會有機會拯救地球及其所有生物。

畢竟我們有什麼可失去的？

附錄
海倫・德蘭尼博士的質化研究

註釋：以下引文摘錄自永恆守護者公司員工在週休三日實驗結束時的對話內容，被引用者若是擔任管理職務，會加以註明。

表1：職場互動的改善

主題	證據
智識投入度與刺激感	「當時我們想找出生產力與工作績效的測量方式，於是徹底檢驗了哪種測量方式的成效最高。我們充分地討論了做法，也好好思考了一番。我們以前從來不用做這種事，該怎麼開始進行？」
	「我特別留意工作過程是否有重複或沒效率的地方，所以在實驗期就完整列出哪些事情要額外花時間處理。我的出發點可引人深思，我們的團隊可藉此思考自己的做事方法，想想該怎麼把工作再分配出去，該怎麼把工作做得更好。」

主題	證據
「聰明工作」的創新措施	「要改善工作完成時間，就要試著把工作自動化……所以我們建立一些公式，大幅加快資料輸入速度，資料的輸入其實全都是自動處理的，這樣可大量節省時間！那是我們想做的事情，但顯然是拜那次的實驗所賜才得以落實。」
	「我們檢討了自己所做的一切，並且自問這件事是否有必要做？是否有生產力？是該親自做，還是該交給別人去做？我們對自己所做的一切提出質疑。」
	「那次實驗讓我特別留意公司對我的期望，我做的工作是否反映出那樣的期望？我現在有一堆客戶會議要開，一直以來都是如此，但其他事情讓我不再只專注這件事。」
協同合作與團隊合作	「更協同合作了。就團隊的性質而言，我們的職務性質偏獨立作業，但多少必須要協同合作，釐清要以何種方式分擔共同的職責並且彼此協助。」
	「我發現有一點最為重要，我的團隊協同合作的情況，更令我欽佩了。他們更改了自己行程與時間的優先順序，確保自己能應對緊迫的外務。他們做得很好，還把願意出一份力的員工拉了進來，所以看到他們協作與團隊合作的程度，我發自內心欽佩不已。合作之所以高效，主要是因為不用每件事都管、都要求。」
	「現在每個人做的工作計畫好像都比實驗開始前還要多……就連我現在做的工作計畫也比以前還要好，我認為我們團隊做的工作計畫比較好，而且他們是一群人共同擬定，這樣就不會犯錯失誤。」

主題	證據
分配、分攤、信任	「比如你想分配工作，因為你不在時，就必須仰賴夥伴或團隊裡的其他成員，確保派發的工作會完成。我的業務量龐大又複雜，以前一直不願意交給別人處理。不過，我發現訓練他們以後，他們就知道該怎麼做，我對他們的信任高出許多。工作也確實完成了，所以我現在比較放鬆了。」
	「我有優秀的團隊在身邊，他們很有動力，遵守顧客倫理，合作融洽，對手邊在做的事也很關心，所以我才能多休一天。多了一天的休假，就表示員工在公司裡的關係會變得更緊密，諸如此類。這並非拜我所賜，而是他們自己的能力，這也表示他們有機會獲得升遷，擔任主管職。」
提升技能、工作種類	「客戶經理一週多休一天假，我的工作量可能會稍微增加，且必須從事不同的工作。我覺得既然現在回到週休二日的制度，而他也回來自己處理那些工作，那麼他就不會覺得有必要把工作交給別人。所以對我而言，我的學習會受到的一些限制。」
	「我們要詳細闡明自己要採取何種工作方式，以何種方式分配不同程度的工作。我覺得自己可能要做更多種類的活動，因為時間限制更多、外在壓力更大，感覺相當刺激。」

主題	證據
發聲與自主權	「我們有自主權，可想出解決辦法。那次實驗讓我們專注投入團隊會議，並確保人人都更有機會開口表達意見。我們還發現一件事，接近實驗尾聲之際，就算已探討過自己想提出哪些意見，但每個人都會有話要說，為會議貢獻一份心力。」
	「我的意思是，你甚至有助理負責接待客戶。那是很簡單的事情，如果他們不確定，會提問，但態度會有自信，或因此獲得信心，能去拜訪以前沒拜訪過的客戶。」
專注並處於當下	「我留意到我不會在工作之間跳來跳去做，不會這件工作做半小時，那件工作做半小時，我以前是那樣，但現在會花二．五或三小時只做一件事。這樣我就有了當場立刻專心處理的心態，除非有其他工作很緊急，否則都無關緊要。」
	「如果我花二．五小時專心處理一件工作，就能以更短的時間做完更多的工作。我就是沉浸其中，好幾件事情都是這樣處理，有一位客戶經理也是會這樣埋頭做事，真的很快就能完成工作，這樣很好。」
	「那是擁有專注力的感覺，會不斷在想，沒錯，我有這些事情要做，這是我的待辦清單，週四晚上一定要完成。然後就埋頭處理，專心去做。」

主題	證據
善意與互惠	「公司給你回報，感覺公司真正在意你的幸福感，而同事也在乎你的生活，我認為這樣會帶來莫大的改變。」
	「假如我學會別人的職務，他們也同樣會學會我的職務，我絲毫不覺得自己是在做額外的工作，我想的就只是我們是在互相幫忙。」
	「從文化角度來看，我覺得這種模式有活力多了，大家開始改變以下的想法：『這是我的正職工作，很無聊，我來上班是因為需要錢。一天結束時，我覺得工作沒那麼起勁，可是看看安德魯給我們的機會。』我真的認為很多人是由衷有以下的感受：『我要怎麼做才能回報？』」
	「如果我必須要處理一些電子郵件、工作事項、接幾通電話，我不會擔心，我還是在做自己想做的事，所以沒關係。」
毅力與動力	「從週四來看，就會發現週五之前的生產力還是高過於週休二日。」
	「我以前常會想，這週只要上四天班，太棒了，我有三天的週末，這樣就會多一點活力來完成工作。」

主題	組織的韌性、降低的風險
證據	「週二晚上，奧克蘭有巨大的暴風雨，週三，奧克蘭陷入一片混亂，因為大家沒辦法上班，或者必須處理停電的狀況。因為我們有很多員工週三沒上班，那天還發生一堆突發事件，不曉得我們是否能順利度過。所以從企業緊急應變計畫的角度來看，我認為這整個計畫可以讓我們留在室內，這樣對奧克蘭也有好處。」
	「其實我承認自己領導的團隊有兩個人說：『我們有關鍵人物風險，因為一個人什麼事都會做，再加上又都是全新的程序，所以那個人要是生病一週，或者去休年假之類的，就沒人知道該怎麼做。』」
	「那對企業來說是重要的事務。有個好處，基於那次實驗，他們全都開始針對工作方法、工作內容、改善做法等進行溝通，而他在休假的前一天，向來會在下班前跟人們彙報工作進度。他會在白板上依客戶寫出隔天必須要做的事情。我在外觀察，覺得非常安心，團隊內部風險低了許多，因為成員開始合作得很融洽。」

表2：挑戰和挫折感

主題	證據
內在與外在壓力	「你把一堆工作擠在四天完成，你或他們覺得內在壓力確實變高了。」
	「你多少是為了彌補多休的一天假，但往往也要幫別人處理工作。從內在壓力增加的情況就可以看得出來，我有些直屬部下就有這種情況。」
	「我們其實沒有（改變團隊運作方式）。我以為要設法把所有工作擠在四天內完成，這很難做到。」
	「不得不等待（另一個部門／人員傳來資料），很挫折。等收到資料，我認為收到的資料有一部分的品質在實驗期間惡化了。我認為人們匆忙做事，設法把一〇〇％的工作分量塞進八〇％的時間，品質才會變壞。跟客戶的溝通就是其中一個例子，但我們的營收有賴於此。」（主管報告）
感受到的態度差異	「我觀察到團隊成員出現各種行為。有些人把感情投入其中，並且據此改變工作習慣；有些人是把它看成贈禮，沒有改變。」（主管報告）

主題	工作量不合乎強制實施的週休三日
證據	「我休假的第一天整天都在家工作……我查看、處理電子郵件，因為我就是不想隔天回去上班還要再處理那些事情。」（主管報告）
	「我們發現當中很多人的工時不是三十二小時，而是更多……每週工時三十二小時要行得通的話，需要提供資源才行。」
	「我們其實並沒有減少工時，因為提早上班。我們認為那次活動人力不足，不想一週有八小時荒廢掉。此外，我們的情況有點不一樣，因為少了一位員工、一名經理和一名助理，所以除了要做別的事，還不得不幫忙做他們的工作，所以我們只好提早上班，花更長的時間工作。為了週五休假，一天工作十二小時，我們都覺得自己樂意這樣做。」
	「團隊的人說過，他們覺得依照目前的工作量，其實沒辦法持續下去。不過，他們說，這週四天、下週五天、下下週四天、下下下週五天，這種方式比較容易達成，這是他們自己想出來的。他們說，覺得自己落後了，我也看得出來，他們在某些情況下肯定內在壓力很大。還有，他們說，明天休假其實還會來上半天班，因為不得不來。」

主題	證據
技能的差異	「我覺得那次實驗顯示出各項工作有很大的技能差距，團隊裡的某些成員之所以在團隊裡做不到……是因為公司臨時通知要進行實驗，要把那些技能湊在一起、在工作日運用，實在有點趕。」
	「每個人都很依賴主管，因為她有很多技能……所以她在四天的工作日外肯定還會工作，就算要在家中工作。然而，沒有可行的方式來阻止這種做法，但他們知道那是提升技能的機會。」
感受到缺乏重大創新	「我的團隊跟我說，他們出現不同的行為變化，每個人都說他們變得更專注，也許還更有活力。我個人沒發現任何差異。不過，沒有人員懶散，沒有地方失誤。可是，我沒看到動力，沒看到忙碌的情況，也沒看到有人說，怎樣才能把事情做得更好、更創新？沒有新措施，有點失望，因為我確實要求他們要那樣思考。」（主管報告）

表3：工時減少對個人生活的影響

主題	有時間參與家庭生活
證據	「那樣會有更多時間陪我的小孩。我有三個學齡兒童，午餐時間我能煎香腸，平常是沒機會做的，因為我在公司上班。我也能參加寵物日，出席小孩的壘球決賽，還去參加平常沒機會參加的那些事情……〔我小孩〕超愛的。他們說：『你一直都在工作，從來不參加我們的活動。』所以我出現在那裡，真正鼓舞了他們。」
	「我跟四歲孩子在親子活動中心，環境很特別，我平常不會看到他在那……我是少數會去那裡的爸爸。其他的媽媽真的都很喜歡那裡，因為那裡有一些不一樣的遊戲方式，諸如此類的。」
	「我花一天時間跟丈夫相處，出門吃午餐，在平常日一起吃午餐……多好啊，平常從來沒有機會（那樣做）。」
	「週末的時候，週六洗碗、打掃家裡，做所有家務。現在可以週五做，然後週六和週日其實就有空了。其實可以放鬆，想著，現在可以跟親友共度美好時光。不過，度過自己專屬的一天也很好，之前常常沒辦法這樣做，因為週末總是趕來趕去。週休三日就可以享有這樣的日子，原本週末可能沒辦法那麼常相處的人，比如祖父母，你可以更努力花時間跟他們相處。」
	「我們能親自去接孩子，不用付錢給保姆，這樣可以省下一筆錢。」

主題	證據
有時間完成私事	「休假的日子一直很忙，但那是有意義的忙碌，我想做的事情以前在公司上班做不了，現在也能做了。」
	「就個人而言，三天真的很有生產力，所以整體上感覺很好。」
	「就是有時間去做以前做不了的事。我週五就把碗盤全都洗了，老婆週六就不用洗，所以她跟我相處的時候快樂多了，跟小孩相處也更快樂了。由此可見，大家都變得更快樂了。我不知道那該怎麼稱呼，總之知道自己把工作做得很好並且做完的時候，腦內啡和陶醉感就會釋放出來。」
有時間學習並從事公益	「我也會從事社區活動。多休一天我就有更多時間專注，務必在那個時候完成工作。」
	「一週多休一天，我在從事志工工作時，就會變得很有生產力，因為我可以完成很多事。我的休假日是週四，因為我還要在大學研究兩篇論文，週四那天我有課……之後就能去跟一些朋友玩，或者提早回家，然後放鬆一下。我的朋友多半都還在讀大學，所以能跟朋友聚聚真的很好，因為有時會覺得讀大學損失很大。我可以參加法學院舉辦的一些演講活動，這真的是很好的經驗，因為我平常沒時間去。」

主題	證據
有時間重新修補關係及重新連絡感情	「有一天，我花時間獨處，內疚卻開心。沒有老公、沒有小孩，純粹沉浸其中，只有我自己一個人，感覺真好。」
	「休假那天浮現的想法，是坐在辦公桌前不會出現的……那是心態使然，是思考的能力。」
	「還會有時間稍微反思，安靜下來，替自己充電。因為有些人是靠著跟別人相處來獲得活力並充電，但是我需要獨處，每個人都不同。一整天跟人相處，有時會有一堆事情要做，此時就需要一些時間冷靜下來，需要不受干擾的時間，所以那對我很重要。」
	「我不習慣早起，所以早上的交通、貪睡鬧鐘按了十幾次這類的事情會造成內在壓力。所以可以的時候，我會十點左右才開始工作，奇數日要開會，我會晚點上班。不過，我之所以樂在其中，是因為進了辦公室，內在壓力降低了，所以我不開車，改搭公車。這樣交通費就省了一些錢。奇數日我會去散步，在住處附近買咖啡，而不是在馬路上全速行進。奇數日就懶散點，多睡一會，不按下貪睡鬧鐘。」
有時間探索	「有人對我說，現在你的人生每年起碼多了四十八天，想想看，要是繼續這樣下去，你會怎麼做？那只是某個人偶然提起的，卻在我的耳邊不斷迴響，而我一直在想，我會怎麼做？我會為自己去做什麼事？所以實驗期間的每一天，我去上了新的健身課，對我而言是嶄新的經驗，我從來沒去過那家健身中心。」

謝辭

這趟旅程在許多方面實屬意外，原本是有點瘋狂的概念，後來卻成了全球的運動，要感謝的人太多了。

首先，謝謝另一半夏洛特（Charlotte）在本書撰寫期間給予的關愛、支持、建議（刪掉本書通篇的「那個」二字，是她諸多成就的一小件而已）和鼓勵。週休三日全球活動的發展是我們共同走上的精采旅程。

謝謝史黛芙妮・瓊斯（Stephanie Jones），少了你，這本書就寫不出來了。謝謝你整理了我那些天馬行空的想法，謝謝你詳盡研究了彈性工作的領域，幫忙把理論化為現實。

謝謝永恆守護者公司的整個團隊，特別謝謝克莉絲汀・布勞瑟頓。謝謝你接納週休三日的概念，推動這個概念大獲成功。特別謝謝譚美（Tammy）、克絲汀（Kirsten）、瑪琳娜

（Marina）、威廉（Willem）、克莉歐（Cleo）分享週休三日對你們個人的影響。僭越之處深感抱歉，但在許多人的眼裡，故事因此顯得十分真實。

謝謝亞歷山大公關公司（Alexander PR）的凱特（Kate）、德韋恩（Dwayne）、整個團隊，你們的工作表現很優秀，不僅把實情傳達出去，還要應付來自世界各地的詢問，而且時時刻刻都秉持專業的精神與愉快的態度。

謝謝副教授賈拉德・哈爾和海倫・德蘭尼博士，永恆守護者公司的實驗在全球得以享有如此高的可信度，都是拜兩位的研究所賜。還要謝謝《衛報》（*Guardian*）與《紐約時報》的編輯，他們的關注讓一場實驗成了遍及全球的報導。

謝謝利特爾布朗出版社（Little, Brown）的湯姆・艾斯克（Tom Asker）與團隊給予的協助、鼓勵和耐心，促使本書終於得以完成！

最後，還有一點很重要，對於主動聯絡並加入週休三日實踐旅程的公司與員工，在此說一聲感謝。我們以一次一家公司的方式，共同讓這世界變得更美好、更健全。

參考資料

- Alderman, Liz, 'France moves to tax tech giants, stoking fight with White House', NYtimes.com, 11 July 2019
- Armstrong, Ashley, 'What's the real cost to society of a £5 dress?', Telegraph.co.uk, 15 January 2019
- Arnold, Sara, 'The first step to starting your career in sustainable fashion', businessoffashion.com, 11 October 2018
- Arnold, Sarah, 'Stressed economy, stressed society, stressed NHS', Neweconomics.org, 18 May 2018
- Batchelor, Sandy, 'Telecommuting for the planet', climatechange.ucdavis.edu, 6 September 2018
- Bennet, Sydney, 'Rise of the super commuters', Apartmentlist.com, 24 April 2018
- Bloom, Nick, Kretschmer, Tobias and Van Reenen, John, 'Work-life balance, management practices, and productivity', NBER.org, September 2009
- Brown, John Murray, 'UK self-employed plumber wins court battle for workers' rights', FT.com, 11 February 2017

- Calfas, Jennifer, 'Meet the CEO whose comments about mental health in the workplace went viral', Money.com, 11 July 2017
- Chang, Emily, *Brotopia: Breaking Up the Boys' Club of Silicon Valley*, Portfolio, 2018
- Chapman, Ben, 'Uber drivers are entitled to workers' rights, Court of Appeal says in landmark gig economy ruling', Independent.co.uk, 19 December 2018
- Chazan, Guy, 'German union wins right to 28-hour working week and 4.3% pay rise', FT.com, 7 February 2018
- Chu, Ben, 'What is productivity? And why does it matter that it is falling again?', Independent.co.uk, 6 October 2017
- Congress (US), *Invest in Women, Invest in America: A Comprehensive Review of Women in the U.S. Economy*, Congress (US) Joint Economic Committee, December 2010
- Day, Meagan, 'The fraud and the four-hour workweek', Jacobinmag.com, 27 March 2018
- Denning, Steve, 'What is agile?', Forbes.com, 13 August 2016
- Elliott, Larry, 'Economics: whatever happened to Keynes' 15-hour working week?', TheGuardian.com, 1 September 2008
- Evans, Lisa, 'The exact amount of time you should work every day', FastCompany.com, 15 September 2014
- Fleishman, Glenn, 'New York makes Uber and Lyft pay a $17.22 an hour minimum plus expenses to

their drivers', Fortune.com, 4 December 2018

- Fleming, Peter, 'Do you work more than 39 hours a week? Your job could be killing you', TheGuardian.com, 15 January 2018
- Fowler, Susan, '"What have we done?" Silicon Valley engineers fear they've created a monster', VanityFair.com, 9 August 2018
- Fremstad, Anders, Paul, Mark and Underwood, Anthony, 'Work hours and CO^2 emissions: evidence from U.S. households', TandFonline.com, 27 June 2019
- Frier, Sarah, 'How Sheryl Sandberg's sharing manifesto drives Facebook', Bloomberg.com, 27 April 2017
- Griffey, Harriet, 'The lost art of concentration: being distracted in a digital world', TheGuardian.com, 14 October 2018
- Griffith, Erin, 'Are young people pretending to love work?', NYtimes.com, 26 January 2019
- Hanauer, Nick, 'The pitchforks are coming ... for us plutocrats', Politico.com, July/August 2014
- Henderson, Tim, 'In most states, a spike in "super commuters"', The Associated Press via Pewtrusts.org, 5 June 2017
- Hook, Leslie, 'Year in a word: gig economy', FT.com, 30 December 2015
- Huberman, Michael and Minns, Chris, 'The times they are not changin': Days and hours of work in Old and New Worlds, 1870–2000', *Explorations in Economic History*, 12 July 2007
- Huggler, Justin, 'German workers win right to 28-hour working week', Telegraph.co.uk, 7 February 2018

- Hultman, Nathan and Bodnar, Paul, 'Trump tried to kill the Paris agreement, but the effect has been the opposite', brookings.edu, 1 June 2018
- Hymas, Charles, 'A decade of smartphones: We now spend an entire day every week online', Telegraph.co.uk, 2 August 2018
- Imber, Amanda, 'Why you are losing 10 IQ points every time this happens', entrepreneur.com, 19 February 2018
- Judge, T.A., Thoresen, C.J., Bono, J.E., Patton, G.K. (2001), 'The job satisfaction–job performance relationship: A qualitative and quantitative review', *Psychological Bulletin*, 127, 376–407
- Lyons, Dan, *Lab Rats: How Silicon Valley Made Work Miserable for the Rest of Us*, Hachette Book Group, 2018
- MacKay, Jory, 'Managing interruptions at work: what we learned surveying hundreds of RescueTime users about their worst distractions', Blog.RescueTime.com, 29 May 2018
- Matousek, Mark, 'Elon Musk says you need to work at least 80 hours a week to change the world', inc.com, 27 November 2018
- Matthews, Dylan, 'Are 26 billionaires worth more than half the planet? The debate, explained', Vox.com, 22 January 2019
- Maxwell, Diane, 'Diane Maxwell: politics is downstream from culture', Stuff.co.nz, 29 December 2016
- McGregor, Jena, 'The average work week is now 47 hours', Washingtonpost.com, 2 September 2014

- Miller, Lee J. and Lu, Wei, 'Housing prices are through the roof in these 10 cities', Bloomberg.com, 5 October 2018
- Moore, Heidi, 'New study proves it really is harder to find a job as you get older', Theladders.com, 28 February 2017
- Murphy, Mark, 'Interruptions at work are killing your productivity', Forbes.com, 30 October 2016
- Murray, Sarah, 'The internet restriction apps that help improve productivity', TheGuardian.com, 17 December 2014
- Neate, Rupert, 'Amazon's Jeff Bezos pays out $38bn in divorce settlement', TheGuardian.com, 30 June 2019
- O'Connor, Sarah, 'Dark factories: labour exploitation in Britain's garment industry', FT.com, 17 May 2018
- Pellegrino, Nicky, 'How the rise in workplace depression and anxiety is causing job culture to change', Noted.co.nz, 25 September 2017
- Powis, Joanna, 'Supreme Court decision announced in Pimlico Plumbers case', Employmentlawwatch.com, 14 June 2018
- Pullar-Strecker, Tom, 'Spark employment move "a recipe for disaster", says expert', Stuff.co.nz, 14 June 2018
- Pullar-Strecker, Tom, 'Vodafone goes Agile but says staff won't have to sign new contracts', Stuff.

co.nz, 19 July 2018

- Rasmussen, Peter, 'Hard-selling – recruitment joke', LinkedIn.com, 18 November 2014
- Reaney, Patricia, 'U.S. workers spend 6.3 hours a day checking email: survey', Huffpost.com, 26 August 2015
- Sanghani, Radhika, 'What happened when I rented my wardrobe for a week', Telegraph.co.uk, 23 April 2019
- Schaefer, Annette, 'Commuting takes its toll', ScientificAmerican.com, 1 October 2005
- Schwab, Klaus, 'The Fourth Industrial Revolution: what it means, how to respond', Weforum.org, 14 January 2016
- Scott, Sophie and Armitage, Rebecca, 'Why your job might be making you sick', ABC.net.au, 11 May 2018
- Semuels, Alana, 'What happens when gig-economy workers become employees', TheAtlantic.com, 14 September 2018
- Son, Sabrina, 'How social exchange theory applies to the workplace', tinypulse.com, 1 March 2016
- Stevens, Tony, 'Mental health days need to be taken seriously', Stuff.co.nz, 31 July 2018
- Stock, Rob, 'KiwiSaver contribution "holidays" to get shorter', Stuff.co.nz, 2 July 2018
- Stroup, Caitlin and Yoon, Joy, 'What impact do flexible working arrangements (FWA) have on employee performance and overall business results?', Cornell University, ILR School site: digitalcommons.ilr.cornell.edu, 2016

- Thompson, Derek, ‘A formula for perfect productivity: work for 52 minutes, break for 17’, TheAtlantic.com, 17 September 2014
- Tsang, Amie and Satariano, Adam, ‘Apple to add $1 billion campus in Austin, Tex., in broad U.S. hiring push’, NYtimes. com, 13 December 2018
- Turner, Giles, ‘How big tech will be hit by U.K.’s new digital tax’, Bloomberg.com, 30 October 2018
- Umoh, Ruth, ‘Here’s what working 120 hours a week like Elon Musk really does to the body and the mind’, CNBC.com, 22 August 2018
- Usher, Pip, ‘Digital detoxes: do they really work?’, Vogue. co.uk, 1 May 2018
- Wall, Matthew, ‘Smartphone stress: Are you a victim of “always on” culture?’, BBC.com, 14 August 2014
- Wallace-Wells, David, ‘Jared Diamond: there’s a 49 percent chance the world as we know it will end by 2050’, NYmag. com, 10 May 2019
- Wei, Marlynn, ‘Commuting: “The stress that doesn’t pay”’, Psychologytoday.com, 12 January 2015
- Williamson, Lucy, ‘France’s Macron brings back national service’, BBC.com, 27 June 2018
- Wilson, Josh, ‘Work-related stress and mental illness now accounts for over half of work absences’, Telegraph.co.uk, 1 November 2018
- Young, Molly, ‘Don’t distract me’, NYtimes.com, 26 January 2019
- Zarya, Valentina, ‘Working flexible hours can hurt your career – but only if you’re a woman’, Fortune.com, 21 February 2017

- Ziffer, Daniel, '"Hump day" killed off, app maker Versa's staff repay the box with higher productivity', ABC.net.au, 17 April 2019
- '21 hours: the case for a shorter working week', NewEconomics.org, 13 February 2010
- 'After drawing a line under layoffs, Vodafone NZ boss Jason Paris faces five challenges', NZHerald.co.nz, 1 April 2019
- 'An IPCC Special Report on the impacts of global warming of 1.5°C above pre-industrial levels and related global greenhouse gas emission pathways, in the context of strengthening the global response to the threat of climate change, sustainable development, and efforts to eradicate poverty - Headline Statements from the Summary for Policymakers', ipcc.ch
- 'Benefits from Auckland road decongestion', EMA.co.nz, 10 July 2017
- 'Champions of the gig economy', BBC.com
- 'Doing better for families', OECD.org, 2011
- 'Employer need » Increased cost savings & profits', Sloan Center on Aging & Work at Boston College, workplaceflexibility.bc.edu
- 'Employment Relations Act 2000', legislation.govt.nz
- 'Flexible working to contribute $10tr to global economy by 2030', menaherald.com, 17 October 2018
- 'FOUR – What is it good for? A study of the four-day week: a report by The Mix', 2018
- 'Four Better or Four Worse?', Henley Business School, University of Reading, 2019

- ‘Four-day week pays off for UK business’, Henley Business School, University of Reading, henley.ac.uk, 3 July 2019
- ‘Gender pay gap in the UK: 2018’, ONS.gov.uk
- ‘Gender wage gap’, Data.oecd.org
- ‘Getting your super started – employees’, ATO.gov.au
- ‘Global real house price index’, Global Housing Watch, IMF.com
- ‘Hours worked’, Data.oecd.org
- ‘How many productive hours in a work day? Just 2 hours, 23 minutes...’, Vouchercloud.com
- ‘How the tech industry changed our work culture’, RNZ.co.nz, 11 March 2019
- ‘Impress me: how to make your first job count’, RNZ.co.nz, 9 November 2018
- ‘Is the traditional 9-5 working week finally dead?’, HCAmag.com, 14 June 2018
- ‘Ma Yun talks 996’ https://mp.weixin.qq.com/s/oc0NugBjpsn1_mBtbib2Lg
- ‘Mental health in the workplace’, WHO.int, May 2019
- ‘School may build houses to stop teachers fleeing Auckland’s high housing costs’, NZherald.com, 3 June 2017
- ‘Spark announces leadership team changes as part of move to Agile’, Sparknz.co.nz, 12 March 2018
- ‘The new work order’, The Foundation for Young Australians, 2014
- ‘The Schedules that Work Act of 2017’, warren.senate.gov

- ‘The tight labour market is making unskilled work more unpredictable’, Economist.com, 8 December 2018
- ‘UK employees work longer hours than most EU neighbours’, BBC.com, 8 December 2011
- ‘What is social exchange theory?’, socialwork.tulane.edu, 20 April 2018
- ‘Work related stress depression or anxiety statistics in Great Britain, 2018’, HSE.gov.uk, 31 October 2018
- ‘Work-life balance and the economics of workplace flexibility’, Executive Office of the President Council of Economic Advisers, Cornell University, LIR School site: digitalcommons.ilr.cornell.edu, 2010
- ‘Work’, TED.com
- Definition of ‘gig’, Collinsdictionary.com
- DHL-CarbonCalculator.com
- https://bcorporation.net/about-b-corps
- https://www.anxiety.org.nz/
- Submission from Volunteering New Zealand on the discussion paper ‘Quality Flexible Work’, Volunteeringnz. org.nz

附註

前言

1. https://economictimes.indiatimes.com/jobs/india-inc-looks-to-deal-with-rising-stress-in-employees/articleshow/64741313.cms?from=mdr; https://www.workforce.com/2018/11/17/millennials-in-india-lead-as-the-most-stressed-in-the-world/; http://www.chinadaily.com.cn/a/201811/02/WS5bdbdf4ca310eff303286339.html; http://www.chinadaily.com.cn/china/2016-12/11/content_27635578.htm

第1章

1. https://personal.lse.ac.uk/minns/Huberman_Minns_EEH_2007.pdf
2. https://www.ft.com/content/e7f0490e-0b1c-11e8-8eb7-42f857ea9f09
3. 一年平均工時是每年實際總工時除以每年平均員工數。實際工時包含了全職勞工、兼職勞工、非全年工的一般工時，給薪與未給薪的加班時數，還有其他工作的時數；不包含基於以下原因而不工作的時數：國定假日、帶薪年假、生病、受傷、暫時喪失工作能力、產假、育嬰假、受訓、基於技術或經濟因素而怠工、罷工或勞資爭議、天氣不佳和補休等。
根據二〇一一年英國國家統計局（United Kingdom's Office of National Statistics）的數據，英國全職勞工每週工時平均為四十二．七小時，而歐盟平均為四十一．六小時。在這項指標上，美國遠遠超過大家，蓋洛普民調公司（Gallup Poll）發現，本世紀最初幾年的每週工時始終很長，平均接近四十七小時。
二〇一四年八月二十九日，蓋洛普發表的報告顯示，全職員工的平均時數增加到一週四十六．七小時，幾乎是多上了整整八小時的一天班。在美國全職勞工當中，只有四〇％表示他們是一週四十小時的標準班，另外五〇％表示他們的工時超過四十小時。
受薪勞工的每週工時甚至更長（平均四十九小時），可能是因為雇主不用擔心得支付加班費。根據蓋洛普的調查結果，半數全職受薪員工表示每週工時超過五十小時。見 https://news.gallup.com/poll/175286/hourworkweek-actually-longer-seven-hours.aspx。

4. https://stats.oecd.org/Index.aspx?DataSetCode=ANHRS
5. https://www.bbc.com/news/business-16082186
6. https://www.washingtonpost.com/news/on-leadership/wp/2014/09/02/the-average-work-week-is-now-47-hours/?utm_term=.1b6cfd88dc62
7. https://www.fya.org.au/wp-content/uploads/2015/08/fya-future-of-work-report-final-lr.pdf
8. https://www.theladders.com/career-advice/new-study-proves-it-is-harder-to-find-a-job-as-you-get-

older
9. https://www.huffingtonpost.com/entry/check-work-email-hours-survey_us_55ddd168e4b0a40aa3ace672
10. https://www.telegraph.co.uk/news/2018/08/01/decade-smartphones-now-spend-entire-day-every-week-online/
11. https://www.bbc.com/news/business-28686235
12. https://www.bloomberg.com/news/features/2017-04-27/how-sheryl-sandberg-s-sharing-manifesto-drives-facebook
13. https://www.oecd.org/els/family/47701118.pdf
14. Ibid., p.24.
15. Ibid., p.29.
16. Ibid., p.30.
17. Ibid., p.36.
18. https://www.independent.co.uk/news/business/analysis-and-features/productivity-what-is-it-meaning-define-uk-economy-explained-a7986781.html
19. https://www.vouchercloud.com/resources/office-worker-productivity
20. Ibid.
21. https://www.imf.org/external/research/housing/
22. https://www.nzherald.co.nz/nz/news/article. cfm?c_id=1&objectid=11868150

23. https://www.bloomberg.com/news/articles/2018-10-04/home-cost-index-says-ouch-hong-kong-oh-canada-hello-dubai
24. https://www.apartmentlist.com/rentonomics/increase-in-long-super-commutes/
25. https://www.pewtrusts.org/en/research-and-analysis/blogs/stateline/2017/06/05/in-most-states-a-spike-in-super-commuters
26. https://www.scientificamerican.com/article/commuting-takes-its-toll/
27. Ibid.
28. Ibid.
29. Ibid.
30. https://www.psychologytoday.com/intl/blog/urban-survival/201501/commuting-the-stress-doesnt-pay
31. https://www.bbc.com/news/business-28686235
32. https://www.telegraph.co.uk/news/2018/11/01/ work-related-stress-mental-illness-now-accounts-half-work-absences/
33. https://neweconomics.org/2018/05/stressed-economy-stressed-society-stressed-nhs
34. https://www.pressreader.com/new-zealand/new-zealand-listener/20170901/281535111129140
35. https://www.who.int/mental_health/in_the_workplace/en/
36. https://www.abc.net.au/news/2018-05-11/why-your-job-might-be-making-you-sick/9747518

第2章

1. https://www.radionz.co.nz/national/programmes/afternoons/audio/2018686029/ how-the-tech-industry-changed-our-work-culture
2. Ibid.
3. https://www.nytimes.com/2019/01/26/business/against-hustle-culture-rise-and-grind-tgim.html
4. https://www.nytimes.com/2016/01/31/books/review/dont-distract-me.html
5. Ibid.
6. https://www.ted.com/topics/work
7. https://www.vogue.co.uk/article/ digital-detox-results
8. https://www.theguardian.com/small-business-network/2014/dec/17/internet-restriction-apps-productivity
9. https://jacobinmag.com/2018/03/four-hour-workweek-tim-ferriss-work
10. http://money.com/money/4853305/mental-health-workplace-olark-madalyn-parker-ben-congleton/
11. https://www.stuff.co.nz/life-style/well-good/105881646/mental-health-days-need-to-be-taken-seriously#comments
12. Ibid.
13. https://www.ft.com/content/259618fe-ef87-11e6-ba01-119a44939bb6

14. https://www.employmentlawwatch.com/2018/06/articles/employment-uk/supreme-court-decision-announced-in-pimlico-plumbers-case/
15. https://www.independent.co.uk/news/business/news/uber-drivers-workers-rights-case-court-of-appeal-gig-economy-ruling-a8691026.html
16. https://www.dhl-carboncalculator.com/#/scenarios

第3章

1. https://www.weforum.org/agenda/2016/01/the-fourth-industrial-revolution-what-it-means-and-how-to-respond
2. https://www.politico.com/magazine/story/2014/06/the-pitchforks-are-coming-for-us-plutocrats-108014
3. https://www.collinsdictionary.com/dictionary/english/gig
4. https://www.ft.com/content/b5a2b122-a41b-11e5-8218-6b8ff73aae15
5. 《大西洋》雜誌的文章寫道：「零工經濟型態的公司聲稱勞工會失去工作，遊說州政府推翻（最高法院）的裁決，但根據勞權倡議者的預測，仰賴州政府安全網的人數會因此減少。如同往常，一堆非勞工爭論哪種做法對勞工最好。
「然而，大家激烈討論政策之際，現實世界已有實驗在進行測試，藉此得知公司必須把大量勞工從獨立承包人的身分轉換成員工後，一定會發生的情況。從今年一月一日起，州法規定大麻運送工要列為員工。這些規定是在二〇一六年加州人投票支持大麻合法化後施行，這種法律實施方式可確保藥局為自家產品負起責任，大麻是由受過訓練的員工處理。這些規定立法後，加州各地藥局開始把送貨司機及某些情況下的其他勞工從獨立承包人身分轉換成員工。比起充滿臆測的爭辯，這些人的經驗更能凸顯零工經濟的建構方式沒有簡單答案。」

6. https://www.theatlantic.com/technology/archive/2018/09/gig-economy-independent-contractors/570307/
7. https://www.vanityfair.com/news/2018/08/silicon-valley-engineers-fear-they-created-a-monster
8. http://fortune.com/2018/12/04/uber-lyft-via-drivers-minimum-wage-nyc/
9. https://www.radionz.co.nz/programmes/two-cents-worth/story/2018670560/impress-me-how-to-make-your-first-job-count
10. http://www.bbc.com/storyworks/capital/the-rise-of-the-free-agent/champions-of-the-gig-economy
11. https://www.economist.com/united-states/2018/12/08/the-tight-labour-market-is-making-unskilled-work-more-predictable
12. Chang. *Brotopia: Breaking Up the Boys' Club of Silicon Valley*, p. 211.
13. https://www.vanityfair.com/news/2018/08/silicon-valley-engineers-fear-they-created-a-monster
14. https://www.nytimes.com/2018/12/13/business/apple-austin-campus.html?action=click&module=Top%20Stories&pgtype=Homepage
15. https://www.bloomberg.com/news/articles/2018-10-29/how-big-tech-will-be-hit-by-u-k-s-new-digital-tax-quicktake

16. https://www.nytimes.com/2019/07/11/business/france-digital-tax-tech-giants.html
17. https://www.politico.com/magazine/story/2014/06/the-pitchforks-are-coming-for-us-plutocrats-108014
18. https://www.vox.com/future-perfect/2019/1/22/18192774/oxfam-inequality-report-2019-davos-wealth
19. https://www.theguardian.com/technology/2019/jun/30/amazon-jeff-bezos-ex-wife-mackenzie-handed-38bn-in-divorce-settlement
20. *Brotopia,* p. 189.
21. https://www.forbes.com/sites/stevedenning/2016/08/13/what-is-agile/#745ce1ec26e3
22. Ibid.
23. https://www.sparknz.co.nz/news/Spark-announces-leadership-team-changes.html
24. https://www.stuff.co.nz/business/industries/105575857/vodafone-goes-agile-but-says-staff-wont-have-to-sign-new-contracts
25. https://www.nzherald.co.nz/business/news/article.cfm?c_id=3&objectid=12217900
26. https://www.stuff.co.nz/business/industries/105575857/vodafone-goes-agile-but-says-staff-wont-have-to-sign-new-contracts
27. https://www.stuff.co.nz/business/industries/104703350/spark-gives-staff-a-week-to-consider-new-job-contracts
28. https://www.forbes.com/sites/stevedenning/2016/08/13/what-is-agile/#745ce1ec26e3

第5章

1. https://www.henley.ac.uk/fourdayweek
2. Ibid.
3. http://themixlondon.com/wp-content/uploads/2018/10/FOUR-What-Is-It-Good-For.pdf?utm_source=mailchimp&utm_campaign=03004ec1e1f0&utm_medium=page

第6章

1. https://blog.rescuetime.com/interruptions-at-work/
2. https://www.forbes.com/sites/markmurphy/2016/10/30/interruptions-at-work-are-killing-your-productivity/#62e68f461689
3. Ibid.
4. https://blog.rescuetime.com/interruptions-at-work/
5. https://www.forbes.com/sites/markmurphy/2016/10/30/interruptions-at-work-are-killing-your-productivity/#62e68f461689
6. https://www.nber.org/chapters/c0441.pdf, p17.
7. https://www.fastcompany.com/3035605/the-exact-amount-of-time-you-should-work-every-day

8. https://www.theatlantic.com/business/archive/2014/09/science-tells-you-how-many-minutes-should-you-take-a-break-for-work-17/380369/

第 7 章

1. https://neweconomics.org/2010/02/21-hours
2. https://www.ema.co.nz/resources/EMA%20 Reports%20and%20Documents/Advocacy/Submissions/2017/NZIER%20report%20on%20Auckland%20Benefits%20of%20Decongestion.pdf
3. https://climatechange.ucdavis.edu/what-can-i-do/telecommuting-for-the-planet/
4. Ibid.
5. https://www.henley.ac.uk/news/2019/four-day-week-pays-off-for-uk-business
6. https://www.tandfonline.com/doi/full/10.1080/09538259.2019.1592950
7. https://www.volunteeringnz.org.nz/wp-content/uploads/Quality-Flexible-Work-Submission.pdf
8. https://socialwork.tulane.edu/blog/social-exchange-theory
9. https://www.tinypulse.com/blog/sk-social-exchange-theory-in-the-workplace
10. https://www.bbc.com/news/world-europe-44625625
11. http://fortune.com/2017/02/21/flexible-schedule-women-career/
12. Ibid.

13. https://data.oecd.org/earnwage/gender-wage-gap. htm
14. https://www.ons.gov.uk/employmentandlabourmarket/peopleinwork/earningsandworkinghours/bulletins/genderpaygapintheuk/2018
15. http://www.hse.gov.uk/statistics/causdis/stress.pdf
16. https://www.abc.net.au/news/2019-04-17/killing-hump-day-business-that-shuts-wednesdays-workers-happier/10985332

第8章

1. Dan Lyons, *Lab Rats: How Silicon Valley Made Work Miserable for the Rest of Us*, Hachette Book Group, 2018
2. https://books.google.co.nz/books?id=2Ek6k1mR3xgC&pg=PA13&lpg=PA13&dq=deloitte+FWAs+$41.5+million&source=bl&ots=TrKagbOZ9h&sig=gT552a7xA6e9ILEsFkS4aIjIjF0&hl=en&sa=X&ved=2ahUKEwiw6uLdh6jfAhVWOSsKHQaXAdEQ6AEwFXoECAoQAQ#v=onepage&q=deloitte%20FWAs%20%2441.5%20million&f=false
3. https://digitalcommons.ilr.cornell.edu/cgi/viewcontent.cgi?referer=https://www.google.com/&httpsredir=1&article=1719&context=key_workplace
4. https://www.hcamag.com/nz/news/general/is-the-traditional-9-5-working-week-finally-dead/152596

5. https://digitalcommons.ilr.cornell.edu/cgi/viewcontent.cgi?referer=https://www.google.com/&httpsredir=1&article=1121&context=student
6. Judge, T.A., Thoresen, C.J., Bono, J.E. and Patton, G.K. (2001), 'The job satisfaction–job performance relationship: A qualitative and quantitative review', *Psychological Bulletin*, 127, 376–407
7. http://workplaceflexibility.bc.edu/need/need_employers_cost
8. https://www.menaherald.com/en/business/events-services/flexible-working-contribute-10tr-global-economy-2030
9. https://www.stuff.co.nz/business/opinion-analysis/87911259/diane-maxwell-politics-is-downstream-from-culture
10. https://www.ato.gov.au/individuals/super/getting-your-super-started/employees/
11. https://www.stuff.co.nz/business/money/105167852/kiwisaver-contribution-holidays-to-get-shorter
12. https://www.anxiety.org.nz/; http://www.hse.gov.uk/statistics/causdis/stress.pdf

第9章

1. http://www.legislation.govt.nz/act/public/2000/0024/latest/DLM6803000.html#DLM6803000
2. https://www.warren.senate.gov/files/documents/2017_06_20_STWA_Factsheet.pdf
3. https://www.ft.com/content/e7f0490e-0b1c-11e8-8eb7-42f857ea9f09

4. https://www.telegraph.co.uk/news/2018/02/07/german-workers-win-right-28-hour-working-week/
5. https://www.telegraph.co.uk/business/2019/01/15/real-cost-society-5-dress/
6. https://www.ft.com/content/e427327e-5892-11e8-b8b2-d6ceb45fa9d0
7. https://www.telegraph.co.uk/business/2019/01/15/real-cost-society-5-dress/
8. https://www.ft.com/content/e427327e-5892-11e8-b8b2-d6ceb45fa9d0
9. 就這種勞力剝削現象而言，也許最奇怪的是這是公開的祕密，中央政府、地方政府、零售商都曉得。二〇一三年至二〇一七年九月擔任商圈零售商 New Look 執行長的安德斯・克里斯秦森（Anders Kristiansen）表示：「我來到英國，對萊斯特的情況很訝異。」他記得當時是這麼想的：「這種事情就在你眼前發生，卻沒有人有所作為！社會怎麼能接受？甚至也不用說到社會，政府怎麼能接受？太悲哀了，我很久沒談了，因為覺得很氣餒。」
10. https://www.telegraph.co.uk/fashion/style/happened-rented-wardrobe-week/
11. https://www.businessoffashion.com/articles/opinion/op-ed-the-first-step-to-starting-your-career-in-sustainable-fashion?utm_campaign=0f23447e69-is-this-influencer-the-future-of-fashion&utm_medium=email&utm_source=Subscribers&utm_term=0_d2191372b3-0f23447e69-419286197&fbclid=IwAR1BacwEUg25wVe2Cw0WvAKwxbfXSmyBuhT0KnJqfwCMWBfMMmMoxvbBvoM
12. https://bcorporation.net/about-b-corps

第10章

1. https://mp.weixin.qq.com/s/oc0NugBjpsn1_mBtbib2Lg
2. https://www.inc.com/business-insider/elon-musk-says-you-need-to-work-80-hours-a-week-to-save-the-world.html
3. https://www.cnbc.com/2018/08/22/what-working-120-hours-a-week-like-teslas-elon-musk-does-to-the-body.html
4. https://www.theguardian.com/lifeandstyle/2018/jan/15/is-28-hours-ideal-working-week-for-healthy-life
5. https://www.cnbc.com/2018/08/22/what-working-120-hours-a-week-like-teslas-elon-musk-does-to-the-body.html
6. https://www.theguardian.com/lifeandstyle/2018/oct/14/the-lost-art-of-concentration-being-distracted-in-a-digital-world
7. https://www.entrepreneur.com/article/309039
8. https://www.vouchercloud.com/resources/office-worker-productivity

結語

1. https://www.theguardian.com/business/2008/sep/01/economics
2. http://nymag.com/intelligencer/2019/05/jared-diamond-on-his-new-book-upheaval.html
3. https://www.brookings.edu/blog/planetpolicy/2018/06/01/trump-tried-to-kill-the-paris-agreement-but-the-effect-has-been-the-opposite/
4. https://www.ipcc.ch/site/assets/uploads/sites/2/2018/07/sr15_headline_statements.pdf
5. https://www.un.org/sustainabledevelopment/blog/2019/05/nature-decline-unprecedented-report/
6. Ibid.

翻轉學 翻轉學系列 078

週休三日工時革命

掀起「四天工作制」全球風潮的企業主現身說法，如何實現工時縮短，
但生產力、獲利、幸福感不減反增？

The 4 Day Week: How the flexible work revolution can increase productivity, profitability and well-being, and create a sustainable future

作　　者　安德魯．巴恩斯（Andrew Barnes）、史黛芙妮．瓊斯（Stephanie Jones）
譯　　者　姚怡平
總 編 輯　何玉美
主　　編　林俊安
責任編輯　袁于善
特約編輯　許景理
封面設計　FE 工作室
內文排版　黃雅芬

出版發行　采實文化事業股份有限公司
行銷企畫　陳佩宜．黃于庭．蔡雨庭．陳豫萱．黃安汝
業務發行　張世明．林踏欣．林坤蓉．王貞玉．張惠屏．吳冠瑩
國際版權　王俐雯．林冠妤
印務採購　曾玉霞
會計行政　王雅蕙．李韶婉．簡佩鈺
法律顧問　第一國際法律事務所　余淑杏律師
電子信箱　acme@acmebook.com.tw
采實官網　www.acmebook.com.tw
采實臉書　www.facebook.com/acmebook01

I S B N　978-986-507-633-7
定　　價　380 元
初版一刷　2022 年 2 月
劃撥帳號　50148859
劃撥戶名　采實文化事業股份有限公司
　　　　　104 台北市中山區南京東路二段 95 號 9 樓
　　　　　電話：(02)2511-9798　傳真：(02)2571-3298

國家圖書館出版品預行編目資料

週休三日工時革命：掀起「四天工作制」全球風潮的企業主現身說法，如何實現工時縮短，但生產力、獲利、幸福感不減反增？/ 安德魯．巴恩斯（Andrew Barnes）、史黛芙妮．瓊斯（Stephanie Jones）著；姚怡平譯 . -- 台北市：采實文化，2022.2
304 面；14.8×21 公分 . --（翻轉學系列；78）
譯自：The 4 Day Week: How the flexible work revolution can increase productivity, profitability and well-being, and create a sustainable future
ISBN 978-986-507-633-7（平裝）
1. 勞動制度 2. 工時
556.1　　110019918

采實出版集團
ACME PUBLISHING GROUP

翻轉學

翻轉學

翻轉學

翻轉學